Stille Winkel in

Hamburg

Anna Brenken

Ellert & Richter Verlag

Inhalt

Von einem, der spazieren geht,
kann man niemals behaupten, er mache einen Umweg.
Arthur Schopenhauer

Blankenese – Römischer Garten

Grüner Salon mit Elbblick

Was ist Glück? In einem immergrünen Gartensalon sitzen. Die Stille genießen. Tief einatmen. Denn es riecht nach Gras, Blumen, Zypressen, Buchsbaum und Lavendel. In der Nähe die Blicke durch den grünen Raum schweifen lassen, die ungeheuer vielfältigen Schattierungen des Grüns entdecken. In der Ferne das grandiose Schauspiel verfolgen, das der breite Strom, der weite Himmel und die Meeresnähe am Horizont inszenieren. Das ist Glück.

Und so leicht zu haben! Zwischen Blankenese und Wittenbergen, kurz vor dem historischen Wasserwerk am Falkensteiner Ufer, weist ein Holzpfeil den Weg zum Römischen Garten. Rechts die Treppe hoch. Nach vielen Stufen und Höhenmetern wieder nach rechts und dann immer geradeaus. Oder durch die idyllische Sackgasse den Berg rauf. Vorbei an dem wunderschönen ehemaligen Gärtnerhaus aus dem Jahr 1790 auf der linken Seite. Im spitzen Winkel nach links. Holzbrücke, Treppe und dann: Dreißig Meter überm Sandstrand liegt das Glück!

Das grüne Kleinod ist so versteckt am Elbhang, dass auch geborene Hamburger ungläubig fragen: „Römischer Garten? Wo denn bitte?“ Es ist ja einfach auch nicht normal, dass die Hansestadt mit ihrer ausgeprägten Vorliebe für Gärten und Parks nach englischem Vorbild ein Fleckchen Erde aufzuweisen hat, das wie ein an die Elbe importiertes Stück Italien erscheint.

Der Königsplatz im Römischen Garten ist in der Mitte in die nördliche Stützmauer eingelassen. Zu erreichen über eine halbrunde Treppenanlage, auf deren Podest im Sommer eine weiße Bank zum Sitzen einlädt. Geschützt vor dem steten Westwind über der Elbe, beschienen von der Südsonne, die auf den Terrassenbeeten der Maueranlage mit den Blumen Frühling spielt, wenn im Rest der Stadt noch Winter herrscht – hier ist der grüne Salon am besten zu überblicken. Ein Platz auch für Verliebte. Es soll in Blankenese viele Ehen geben, die hier ihren Anfang nahmen. Wenn die Sonne scheint, leuchtet der Rasen zu Füßen der Treppe auch im Spätherbst noch smaragdgrün. Im Seerosenbecken spiegelt sich der Himmel. Zypresse, Flusszeder, Weymouthkiefer begrenzen die ostwestliche Rasenanlage im Osten. Rechts am Rande der Fläche herrscht die italienische Liebe zur Gartengeometrie, die in der Renaissance, im Zeitalter des Barock und des Rokoko ihre Wurzeln hat. Vier grüne Türme und eine Riesenkugel sind kunstvoll mit der Schere in mathematische Form gebracht.

Aber das Eindrucksvollste ist die grüne Girlandenhecke, die im Süden den Blick zur Elbe hin begrenzt. In gleichmäßigen Bögen hebt und senkt sich das Grün. Ein von der Gartenschere gehäkelter Saum vor der Weite der dahinterliegenden Stromlandschaft. Eine Hecke aus Thujapflanzen. Der Lebensbaum ist immergrün und blickdicht. Bei Sonnenschein verdoppelt sich die Hecke als dunkler Schatten in Girlandenform zur Nordseite hin.

Ein Lieblingsplatz für Versteck- und andere Spiele ist das Naturtheater, das mit seinen immergrünen Eibenmauern im Westen an die Girlandenhecke anschließt. Wie bei den klassischen griechischen und römischen Anlagen bietet sich hier en miniature eine Bühne an, um die in konzentrischen Halbkreisen die rasenbewachsenen Zuschauerreihen in die Höhe steigen. Ein grün-grüner Platz für Kindergeburtstage und kleine Theateraufführungen, wie er auch im Schatten einer Palladio-Villa im Veneto zu finden sein könnte.

Die ewige Italiensehnsucht des Nordländers hat im Römischen Garten an der Elbe Form angenommen. Ein Ort des Trostes und der Verzauberung. Die Liebe eines wohlhabenden Hanseaten zu Italien war es auch, die dieses südliche Refugium entstehen ließ. Alles begann Ende des 18. Jahrhunderts. Die Menschen zog es aus der Stadt in die Natur. Der Hamburger Großkaufmann Hinrich Jürgen Köster begeisterte sich für den großartigen Blick von den flussabwärts vom damaligen Fischerdorf Blankenese gelegenen Elbhöhen auf den Strom. 1794 kaufte er ein großes Grundstück der nur mit Heide bewachsenen Hügel und richtete sich hier seinen Sommersitz ein, der Jahre nach seinem Tod als Gastwirtschaft genutzt wurde.

1875 – Handel und Wandel in Hamburg prosperierten – erwarb der Gründer der Holsten-Brauerei, Julius Richter, ein Riesengrundstück auf den Elbhöhen. Er ließ Bäume und Sträucher anpflanzen, legte neue Wege an und baute ein Gewächshaus und Treibhäuser. Richter war ein großer Gartenliebhaber und er liebte Italien. Mehrmals besuchte er seinen Bruder in Rom, der dort als Gartenplaner für die italienische High Society arbeitete.

Julius Richter importierte sein in Italien erworbenes Wissen historischer Gärten nach Hamburg. Mithilfe seines Bruders legte er den Grundstein für den Römischen Garten am Elbhang. Zur markantesten Prägung im Stil italienischer Gartenlust wurde die Girlandenhecke.

Nach dem Tod Richters kaufte der Hamburger Bankier Max M. Warburg 1910 den Römischen Garten. Er wurde zu einem sommerlichen Festplatz für die große, in alle Welt verstreute Familie, die in der Sommervilla am Kösterberg immer wieder zusammentraf. Man inszenierte Theateraufführungen auf der kleinen Gartenbühne und tanzte bei Fackelschein auf dem Rasen. Mit glücklicher Hand hatte Warburg kurz nach dem Erwerb des Römischen Gartens die Würzburger Gartenmeisterin Else Hoffa eingestellt. Sie gab der Anlage die Form, die wir heute kennen.

1938 verließen sowohl die Warburgs als auch Else Hoffa das nationalsozialistische Deutschland. Der Garten wurde teilweise zerstört und verwilderte. 1951 übernahm die Stadt Hamburg das Grundstück. Jetzt wurde Wirklichkeit, wovon Max Brauer schon vor dem Krieg geträumt hatte, damals noch Bürgermeister von Altona: ein für alle zugänglicher Weg über die Elbhöhen zwischen Blankenese und Wittenbergen. Der Weg führt heute auch durch den Römischen Garten und ist nach wie vor ein Pfad, an dem zahlreiche stille Winkel liegen, von denen nur wenige wissen. Zum Glück! Der verwilderte Römische Garten war lange vergessen. Erst in den 1980er-Jahren erinnerte man sich und begann mit der Restaurierung.

Der stille Genießer auf seinem königlichen Aussichtsplatz richtet jetzt den Blick von der Nähe in die Ferne. Ganz dahinten am Horizont ist das Alte Land zu sehen. Mit seinen Apfelplantagen, roten Dächern und dem Portalkran über der Estemündung, wo die Sietaswerft ihre Schiffe baut. Die weite Wasserfläche der Elbe wechselt mit den Wolken ihre Farbe. Mitten im Strom liegt die Insel Neßsand. Dreihundert Meter lange Containerschiffe ziehen vorbei. Kanufahrer halten sich am Ufer. Erst recht die mutigen Schwimmer, die sich am Sandstrand zwischen den Buhnen ins Wasser trauen. Bei Ebbe tauchen zwei Schiffswracks aus dem Wasser auf. Aber gönnen wir uns noch ein bisschen Zeit. Dreißig Meter über dem Strom. Auf der weißen Verlobungsbank im Römischen Garten. In Italien an der Elbe.

Rathaus-Innenhof

Zu Füßen der Schutzgöttin des Wassers

Entdecken wir die Stille im Auge des urbanen Wirbelsturms! Den am zentralsten gelegenen stillen Winkel an Alster und Elbe. Das Rathaus ist traditionell Sammelpunkt des Stadtgeschehens. Hier residieren Senat und Bürgerschaft. Hier laufen die Fäden von 104 Stadtteilen zusammen. Der imposante Neo-Renaissance-Komplex zwischen Rathausmarkt, Altem Wall, Großer Johannisstraße und Adolphsplatz liegt exakt im Herzen der Freien und Hansestadt Hamburg, in der geografischen Mitte des 755 Quadratkilometer umfassenden Stadtstaates.

Das Rathaus steht, wie eine Umfrage ergab, an der Spitze der Lieblingsgebäude der Hamburger. Erst recht, nachdem es sich seit 1997, nach umfassender Restaurierung zum hundertjährigen Bestehen, wieder im alten Glanz zeigt. Wie kein anderes Gebäude demonstriert das Rathaus das bürgerliche Selbstbewusstsein der Stadtrepublik, die nie eine königliche Hoheit an ihrer Spitze duldete.

Lange genug hatte es aber auch gedauert, bis der prächtige Gebäudekomplex mit seinen sage und schreibe 647 Räumen vollendet wurde. Er erscheint heute wie aus einem Guss. In Wahrheit hatte die gesamte Architektenelite der Hansestadt daran gewerkelt. Nach der Vernichtung großer Teile Hamburgs durch den Großen Brand 1842 hatte es sofort Pläne für einen Rathausneubau gegeben. Erst 1880 wurde unter Leitung von Martin Haller der „Rathausbaumeisterbund" gegründet. Haller war der herausragende Hamburger Architekt des in der zweiten Hälfte des 19. Jahrhunderts herrschenden Historismus. Er schrieb: „Mein Spezialfach ist: Privat- und Luxusarchitektur. Das entspricht meinem Charakter, meinem Geschmack."

Ohne Skrupel reihte sich unter seiner Ägide der dem Selbstdarstellungsbedürfnis der Renaissance entliehene Rathausturm mit 112 Meter Höhe in die historische Turmsilhouette der Stadt ein. Die im Mittelalter oder im Barock gegründeten Kirchtürme von St. Katharinen, St. Petri, St. Jacobi, St. Nikolai und St. Michaelis bekamen weltlichen Zuwachs.

Auch der die Fassaden des neuen Rathauses krönende Figurenschmuck geriet deutlich prächtiger, als man es an Alster und Elbe gewöhnt ist, wo ansonsten hanseatisches Understatement herrscht. Statuen von Kaisern und Königen und Heiligen, aus Bronze oder Stein, verweisen auf die Geschichte der Stadt. Über dem Eingangsportal mahnt unübersehbar in goldenen Lettern die lateinische Sentenz: Libertatem quem pepere maiores, digne studeat servare posteritas – Die Freiheit, die die Väter erwarben, möge die Nachwelt würdig erhalten.

Bei so viel historischem Pathos wird es endlich Zeit, die Stille im Auge des städtischen Wirbels zu suchen. Wo? Entweder durch die Seiteneingänge des Rathauses am Alten Wall und an der Großen Johannisstraße, wo jeweils zwei lebensgroße Steinlöwen in ruhender Pose die Toreinfahrt flankieren. Oder durch das Hauptportal, geradeaus durch die große Eingangshalle. Plötzlich herrscht Stille. Der Innenhof des Rathauses ist nach allen vier Seiten von hohen Mauern umgeben. Sein großzügig bemessener Zuschnitt verhindert trotzdem jedes Gefühl von Eingeschlossensein. Im Gegenteil! Man atmet auf, genießt die abgasfreie Luft, den hohen Himmel und die Mittagssonne, die die helle Rathausfassade und einen Teil des Innenhofs in warmes Licht taucht. Wenn die Sommertage heiß sind, gibt es auf der anderen Seite kühle Schattenplätze. Während der Figurenschmuck an der dem großen Rathausmarkt zugewandten Hauptfassade den deutschen Kaisern gewidmet ist, sind auf der Innenhofseite Figuren von Fürsten und Bischöfen zu sehen, die in der Geschichte der Hansestadt eine Rolle spielten: Ansgar, Adaldag und Adalbert, Heinrich der Löwe und die holsteinischen Grafen Adolph III. und der IV.

Was das Auge aber spontan gefangen nimmt, das ist der dreistufige Brunnen im Zentrum des Innenhofes. Über dem runden Wasserbecken erhebt sich eine nur mit einem Tuch partiell bekleidete Frauengestalt aus Bronze. In der ausgestreckten rechten Hand hält sie triumphierend ein Wassergefäß. Zu ihren Füßen liegt ein offensichtlich besiegter Drache. Es ist eine Darstellung der Göttin Hygieia, die bei den alten Griechen für die Gesundheit zuständig war. Zwei Etagen tiefer sitzen und lehnen auf der untersten Brunnenschale sechs Figuren, die die verschiedenen Bedeutungen des Wassers für die Menschen symbolisieren.

Was so spielerisch, anmutig und schön aussieht, das hat einen todernsten Hintergrund. 1892 hatte eine Cholera-Epidemie in Hamburg viele Tausend Tote gefordert. Die Stadt war gezwungen, ihre sträflich vernachlässigte Trinkwasserversorgung zu modernisieren. Der 1896 von dem Münchner Bildhauer Joseph von Kramer mit der Statue der Hygieia vollendete Brunnen feiert diese Erneuerung. Sehr typisch, dass das Schöne auch gleich mit dem Nützlichen verbunden wurde. Der Brunnen war Teil eines Systems, das das Rathaus – damals geradezu zukunftsweisend – mit einer modernen Dampfheizung versah.

Nicht weniger historisch ist die Schattenseite des Innenhofs. Hinter den strengen Mauern vis-à-vis der geschmückten Rathausfassade hat die Handelskammer (früher auch Börse) ihren Sitz. Die 1558 gegründete Börse wurde 1841 von der Trostbrücke neben dem Alten Rathaus an diesen Platz verlegt. Im Innern des von Carl Ludwig Wimmel und Franz Gustav Forsmann errichteten klassizistischen Gebäudes befindet sich einer der schönsten, festlichsten Säle der Hansestadt, den man durch den Haupteingang der Handelskammer am Adolphsplatz erreicht und – wenn man den Pförtner überredet und keine Veranstaltung stattfindet – unbedingt besichtigen sollte. Im Westflügel liegt die traditionsreiche Commerzbibliothek, die 1735 zur

Weiterbildung der Kaufleute gegründet wurde und heute rund 170.000 Bücher und Zeitschriften im Bestand hat, darunter wertvolle Handschriften und seltene Drucke aus dem 16. Jahrhundert.

Vor dem Bau der Börse hatte hier das Maria-Magdalenen-Kloster seinen Platz gehabt. Stille Winkel laden ein zum Erzählen: Die Gründung dieses Klosters ist mit einer schönen Legende verbunden. Am 22. Juli 1227 kämpfte Graf Adolph IV. von Schauenburg, Graf von Holstein und Stormarn, Herrscher über die Hamburger Alt- und die Neustadt, bei Bornhöved (Kreis Segeberg) gegen die dänische Oberherrschaft. Die Chancen für einen Sieg standen schlecht. Da soll der Graf auf die Knie gefallen sein und ein Gelübde getan haben. Wie die Legende berichtet, versprach er Maria Magdalena, der Schutzheiligen dieses Tages, ein Kloster zu gründen, falls die mit ihm verbündeten Truppen siegten. Maria Magdalena, eine der Jüngerinnen Jesu, die ihm nachfolgte, weil er sie von einer Besessenheit geheilt hatte, war die erste Zeugin der Auferstehung. In der späteren frommen Legende verschmilzt ihr Bild mit dem der Sünderin, die Jesus die Füße mit Tränen wusch und sein Haupt salbte, und der Jesus, weil sie viel Liebe zeigte, ihre Sünden vergab. Diese Maria Magdalena verhüllte mit ihrer Schürze die Sonne, sodass Adolph IV. seine Feinde besser sehen konnte. Er trug den Sieg davon und Hamburg war befreit von der dänischen Oberherrschaft.

Tatsachen sind der Sieg bei Bornhöved 1227, die Gründung des Maria-Magdalenen-Klosters am heutigen Adolphsplatz im selben Jahr und der Eintritt des Grafen Adolph IV. in ein Kloster im Jahr 1239.

Wo bis Ende der 1830er-Jahre, bis zur Verlegung des Klosters an den Glockengießerwall, die Franziskanermönche in braunen Kutten und weißen Gürteln hohe und niedrige Arbeit leisteten – ganz im Sinne des heiligen Franz von Assisi – eilen heute zur Lunchtime wichtige Damen und Herren im Business-Chic über den Innenhof. Ihr Ziel ist das Restaurant „Pfeffersack" im historischen Börsengebäude, mit Fenstern zum Rathaus-Innenhof und im Sommer Tischen im Freien. Pfeffersack? Das Schimpfwort, mit dem Hanseaten gerne belegt werden, lässt sich im Handumdrehen ins Positive wenden. Denn ein Sack voll Pfeffer hatte früher einen ungeheuren Wert!

Krypta St. Michaelis

Wo Telemann und Carl Philipp Emanuel Bach ruhen

Die Hauptkirche St. Michaelis auf dem hohen Geestrücken über der Elbe ist weit über die Grenzen Hamburgs hinaus bekannt. *Der Michel* ist das Wahrzeichen der Hansestadt. Wie *Big Ben* in London oder *der Dom* in Köln. Wenn Einheimische sich nach langer Reise wieder ihrer Stadt nähern – auf dem Wasser, per Bahn, Auto, vielleicht sogar per pedes – und am Horizont der 132 Meter hohe Michel-Turm auftaucht, atmen sie glücklich auf. Endlich wieder zu Hause! Bilder stellen sich ein: der festlich in Gold und Weiß gehaltene Innenraum dieser größten Barockkirche Norddeutschlands, die geschwungene Empore des evangelisch-lutherischen Gotteshauses mit Platz für Chor und Orchester für die Konzerte, bei denen die 2500 Zuhörer fassende Kirche oft bis auf den letzten Platz besetzt ist. Man erinnert sich vielleicht an den Erzengel Michael über dem Turmportal oder den leichtfüßig gen Himmel strebenden, kleineren Engel, der nur noch mit den Zehenspitzen auf der Kanzel verankert ist. Vielleicht auch noch an die massive Gestalt Martin Luthers neben der Kirche.

Ganz sicher denkt kaum jemand an den geheimnisvollsten und stillsten Raum in diesem so festlich der Stille geweihten Ort. Die Krypta von St. Michaelis ist eine Kirche unter der Kirche. Der unterirdische Raum hat den gleichen Grundriss wie das Gotteshaus über ihm. Eine große Fläche! Trotzdem zählt das Kellergewölbe von St. Michaelis zu den geheimen, unbekannten Orten der Stadt.

Wer über die kleine Treppe links im Vorraum des Haupteingangs die Krypta betritt, taucht unten in eine Atmosphäre ein, wie sie gegensätzlicher zu der Festlichkeit der Saalkirche darüber nicht sein könnte. Während oben in hellem Licht und großzügiger Weite alles himmelwärts zu streben scheint, ist es hier unten dunkel, eng und sehr der Erde zugewandt. Die in vielfache regelmäßige kleine Kreuzgewölbe geteilte weiße Decke ist niedrig und scheint dem Besucher fast auf den Kopf zu fallen. Bei dem Gedanken, dass auf dieser Decke der Michel ruht, mag einem leicht angst und bange werden. Beim Gang durch die Säulengassen müssen hoch gewachsene Besucher aufpassen, nicht rechts oder links mit dem Kopf am Gewölbe anzustoßen.

Diese Krypta (griechisch: Gruft) hat eine höchst geheimnisvolle Aura. Doch bevor hier durch Kriminalromane geschulte Fantasien die Oberhand gewinnen, wird der Besucher gefesselt durch die Ausstellung, die in den Winkeln der unterirdischen Kirche über die

Geschichte von St. Michaelis im Allgemeinen und ihre Krypta im Besonderen informiert. Erfinder der Subkirche war der Michel-Baumeister Ernst Georg Sonnin (1713–1794). Ein vom Blitz entfachtes Feuer hatte 1750 die Mitte der im 17. Jahrhundert in der Neustadt errichteten Kirche vernichtet. Bei den aufwendigen Ausschachtungsarbeiten für die Unterkirche unter seinem barocken Neubau verfolgte Sonnin eine sehr handfeste Idee. Damals war es noch durchaus üblich, hochmögende Personen in den Kirchen zu bestatten. In der Michel-Krypta gab es nun viel Platz für Gräber, die von diesen Bürgern teuer bezahlt werden mussten. Mit dem Geld ließ sich dann ein Teil der neuen Barockkirche finanzieren.

Eine praktische und zunächst sehr erfolgreiche Idee. Denn im 18. Jahrhundert wurden Beerdigungen wohlhabender Bürger sozusagen mit Glanz und Gloria begangen. Geld spielte keine Rolle. Die Glocken der Hauptkirchen läuteten zwei Stunden, bis sich der oft kilometerlange Trauerzug mit Leichenwagen und Trauerkutschen bis zur St.-Michaelis-Kirche bewegt hatte. Überliefert ist die Beerdigung des zu seiner Zeit hoch angesehenen Hamburger Komponisten Johann Mattheson 1764. Er hatte über zehn Jahre als Musikdirektor an St. Michaelis gewirkt und durch eine Spende den Einbau der ersten Orgel in der Kirche möglich gemacht. Für die Trauerfeier waren Einlasskarten ausgegeben worden. Unter der Leitung des Städtischen Musikdirektors der fünf Hauptkirchen, Georg Philipp Telemann, wurde ein Oratorium aufgeführt, das Mattheson mit dem Titel „Fröhliches Sterbelied“ wenige Tage zuvor für seine eigene Beerdigung komponiert hatte. Dann wurde der Sarg in die von Fackeln erleuchtete Krypta hinabgelassen.

Auch Telemanns Grab findet sich heute in der Unterkirche. Genauso wie die letzte Ruhestätte seines Patensohnes und Nachfolgers im Amt des Hamburger Musikdirektors, Carl Philipp Emanuel Bach, dem zweiten Sohn und Schüler von Johann Sebastian Bach. Der Sohn genoss zu seinen Lebzeiten größeren Ruhm als sein Vater, war aber in Hamburg nie so populär wie sein Patenonkel Georg Philipp Telemann.

Dann war offiziell Schluss mit den Beerdigungen in den Kirchen. Während der französischen Besatzungszeit wurde 1812 angeordnet, die Toten vor den Toren der Stadt zu Grabe zu tragen. Die Michel-Krypta geriet in Vergessenheit. Erst als die Kirche, wieder durch ein Feuer, 1906 bis auf die Grundmauern abbrannte, wurden viele sterbliche Überreste der Toten, die man in der erhalten gebliebenen Unterkirche fand, in ein Sammelgrab auf dem Ohlsdorfer Friedhof überführt. Die Barockkirche wurde historisch getreu, aber technisch moderner wieder aufgebaut. Eine Stadt ohne Michel konnten sich die Hamburger nicht vorstellen.

Die Krypta spielte während des Zweiten Weltkriegs noch einmal eine wichtige Rolle. Umfunktioniert zum Luftschutzkeller rettete sie vielen Bürgern bei den schweren Bombenangriffen 1943 das Leben. Im März 1945, wenige Wochen vor Kriegsende, wurde dann auch die Kirche von Bomben getroffen. Nach aufwendigen Rekonstruktionsarbeiten konnte sie 1952 erneut eingeweiht werden.

Die Krypta hatte zeitweise als Notkirche gedient. Seit 1985 ist sie wieder für die Öffentlichkeit zugänglich und wird regelmäßig für die „Freitag-Nacht-Konzerte“ begabter Nachwuchsmusiker genutzt. Doch abgesehen von einer kleinen treuen Konzertgemeinde wissen nur die wenigsten Besucher der St.-Michaelis-Kirche, dass sich direkt unter ihren Füßen noch ein ebenso großer Raum befindet.

Zu einer anderen heimlichen Geschichte rund um den Michel ist es nur ein Katzensprung. Am Krayenkamp 13 belehrt uns eine Tafel, dass hier der Ort ist, wo die schwedische Königin Christine (im Film unvergesslich gespielt von Greta Garbo) nach dem Dreißigjährigen Krieg einen Palast bewohnte, der 1667 bei einem Fest, das die katholische Königin zu Ehren des neuen Papstes in Rom, Clemens IX., gab, von wütenden Protestanten gestürmt wurde. Die Königin konnte mit knapper Not durch ein später sogenanntes Christinenpförtchen entkommen und betrat die Hansestadt nie wieder. Die Information, dass die Erneuerung dieser Tafel von der früheren Tagesschausprecherin Dagmar Berghoff finanziert wurde, bringt uns wieder zurück in die Gegenwart.

Park Fiction – Hein-Köllisch-Platz

Zwei Plätze auf St. Pauli, die funktionieren

Die Kirche heißt St. Pauli. Ihr Namenspatron, der vor knapp 2000 Jahren vor Damaskus vom Saulus zum Paulus wurde, schrieb in einem Brief an die Römer, dass wir „allzumal Sünder“ seien. Gut, die Herbertstraße! Deutschlands berühmteste geschlossene Bordellgasse ist nur zehn Minuten entfernt, und die wegen Randale und ihrer Wandmalereien berühmt-berüchtigte Hafenstraße, ehemals Zentrum der Hamburger Hausbesetzer-Szene, liegt auch gleich zu Füßen der Kirche. Aber einerseits ist das Wort „Sünde“ ein bisschen aus der Mode gekommen. Viele benutzen es nur noch im Zusammenhang mit „sündhaft teuer“. Und andererseits sind dem Sündenbabel St. Pauli in dieser Ecke auf wundersame Weise Grenzen gesteckt.

Hier, hoch auf dem Geesthang am Pinnasberg, kann der müde St.-Pauli-Wanderer die laute Welt abschütteln, nicht nur in der Kirche seinen sündenlosen Seelenfrieden finden, sondern auch davor und dahinter. Am Rande des Rotlichtviertels, im Schatten der Reeperbahn, bieten Park Fiction und Hein-Köllisch-Platz Ruhezonen feil, wo jeder nach seiner Fasson glücklich werden kann. Ein Glück, das nichts kostet.

Sich in der Kirche auf die Welt draußen einzustimmen, ist eine gute Idee. Wenn das Gotteshaus denn offen ist. In dem 1820 eingeweihten klassizistischen Backsteinsaalbau wird ein 300 Jahre alter Taufstein gehütet. Die 5000-Seelen-Gemeinde zwischen Millerntor und Nobistor kann stolz darauf sein, dass heute noch immer an diesem Stein getauft wird, aus dem um 1900 auch Pfarrer Clemens Schultz, ein Pionier der Jugendfürsorge, die Täuflinge mit Wasser besprengte. Nach diesem Seelsorger im „roten" St. Pauli, der sich ironisch gern als „Dom- und Hofprediger" – sprich Kirmes- und Hinterhofpfarrer – titulierte, ist heute eine Straße nördlich der Reeperbahn benannt.

Wer es sich vor der Kirche auf einer wetterfesten Holzpritsche am Pinnasberg gemütlich machen will – allein, zu zweit oder auch, wenn man ein verträglicher Mensch ist, zu dritt –, der sollte ein Polster mitbringen. Und Zeit haben, seine Gedanken spazieren gehen zu lassen. Das harte Ruhebett ist Teil von Park Fiction. Ein konsumfreies, von Künstlern gestaltetes Areal. Klein, aber oho! Und trotz jahrelanger Streitereien um seine Existenz, trotz der Weihen einer Teilnahme an der documenta 2002 in Kassel und damit der Absegnung als international anerkannte Kunst im öffentlichen Raum – Park Fiction ist auch für viele Bewohner Hamburgs immer noch ein Geheimtipp.

Ein dermaßen exklusiv gelegenes Grundstück (Bauherren würden von „Filetstück“ sprechen) für die Öffentlichkeit zu bewahren, das war lange Zeit nur ein Fantasieprodukt (Fiktion). Und ist heute ein real existierendes Kunststück. Ein geglückter Husarenstreich gegen den allgemeinen Bauboom. Statt eines millionenteuren Gebäudes für Reiche also ein kurioses Refugium für alle, die hoch über dem St.-Pauli-Fischmarkt den großartigen Blick auf Elbe und Hafen in aller Ruhe genießen wollen. Grandiose Sonnenaufgänge und Sonnenuntergänge. Mittagssonne pur, wenn sie denn scheint. Schiffe kommen und gehen. Das Wummern der Schiffbauer in Dock 10 von Blohm + Voss. Und meist leichter Wind von Westen.

Vielleicht hat der Träumer auf der Pritsche den „Golden Pudel Club“ unten am Fuß der Treppe im Sinn. Hamburgs heiß geliebten Club am Fischmarkt. Führendes Mitglied im „Club Kombinat Hamburg e. V.“. Immer noch einer der wunderbarsten Orte für Nachtfalter(innen), die nach Mitternacht hier ihre pinkfarbenen High Heels zertanzen. Wiege der Karrieren von Schorsch Kamerun und Rocko Schamoni.

„Die Wünsche werden die Wohnung verlassen und auf die Straße gehen.“ So hatten es die Macher von Park Fiction versprochen und einer „Lattemacchiatisierung“ des Viertels den Kampf angesagt. Bizarr ragen heute fünf künstliche Palmen in den Himmel. Eine Rasenwelle und ein grüner Hügel in Miniaturformat sind mehr für die Schönheit als für die praktische Nutzung gedacht. Dafür gibt es eine kleine Spielfläche, Plätze zum Liegen und Sitzen und ein mit rotem Jägerzäunchen eingefasstes Gassi-Rondell für Hunde.

Dass die Nachbarschaft Hafenstraße mal ein ebenso hartes wie heißes Pflaster war, signalisieren heute noch die Rudimente der Wandmalereien: „eine soziale und direkte Malerei“ (Kai Teschner, Künstler). Der Kunstwert dieser Monumentalgemälde wurde übrigens in der Endphase der Straßenkämpfe mithilfe einer Expertise vor Gericht offiziell anerkannt. Reste der sozialpolitischen Auseinandersetzungen am Hafenrand sind auch noch Fassadensprüche wie „Burn Babylon burn“ oder „Kein Mensch ist illegal“. Ansonsten wird die Hafenstraße heute an lauen Sommerabenden zur Weinstraße. Denn wo kann man so schön seinen Schoppen trinken wie auf der schräg zum Fischmarkt herunterführenden Meile, vor den kleinen Lokalen, die sich am Pinnasberg angesiedelt haben.

Auf der anderen Seite, im Rücken der St.-Pauli-Kirche, auf dem Hein-Köllisch-Platz wird das Laufen mit High Heels zum Eiertanz. Kopfsteinpflaster. Katzbuckelsteine, einer am anderen. Die Schulkinder laufen mit Grandezza. Machen Pause auf den Sitzsteinen, die an Joseph Beuys' Installation „Das Ende des 20. Jahrhunderts“ erinnern. Und erzählen sich, wo ihre Eltern beheimatet waren: Eimsbüttel, Izmir, Zagreb, Zirkusweg, Porto, Omsk, Große Elbstraße, St. Petersburg. St. Pauli ist Hamburgs internationalstes Viertel.

Der dreieckige, am Geesthang gen Norden leicht abfallende Hein-Köllisch-Platz, gar nicht groß und den meisten Hanseaten unbekannt, ist eine der wenigen Platzanlagen in Hamburg, die tatsächlich als Treffpunkt funktioniert. Keine Autos. Gut sanierte Mietshäuser halten den Wind ab. Im Schatten der Kirche wird abends gegrillt, mittags an der Theke der Kneipe

„Doppelschicht“ die Welt verbessert. Morgens sitzen die alten Männer auf dem Platz und nachts schleichen die Katzen. Ein Nachtjackenviertel mit Gastronomie. High and low. „Abendmahl“, „Déja vu“, „Esskultur“, „Geyer“, „Hensel“, „Kölibri“, „La tazza d'oro“. Essen und Trinken für jeden Geschmack. Die Apotheke an der Ecke heißt „Albatros“. Wie der Seevogel, der seine Flügel zu drei Meter Spannweite ausbreiten kann und ein ausdauernder Segelflieger ist. Neben der meerblauen Leuchtschrift „Apotheke“ steht „Eczane“: Apotheke auf Türkisch.

Wer der Namenspatron des Platzes Hein Köllisch war? Um 1900 wusste das jedes Schulkind auf St. Pauli. 1857 kam er als Sohn eines Schuhcremefabrikanten hier zur Welt. Mit seinen selbst verfassten Couplets trat er an der Reeperbahn auf und konnte am Spielbudenplatz bald sein eigenes Etablissement, das „Köllisch Universum“, eröffnen. Wer Glück hat, findet in den kleinen Läden rund um den Hein-Köllisch-Platz heute noch ein Exemplar jener Postkarten, mit denen der Barde seine Lieder unters Volk brachte. Er kannte das reiche Hamburg mit seinen feinen Hotels und Restaurants und besang „De Kehrsiet von dütt Blatt“: „Achterm Hotel stoht Froon und Kinner,/ in Lumpen hüllt, mit Kumm und Napp./ Se lurt dor op de Abfallrest'n,/dormit se eeten könt sick satt./ Datt is de Kehrsiet von dütt Blatt.“

Alter Elbtunnel – Südufer Nordufer

Spazieren gehen unter dem Strom

Es ist Sonntag und die Sonne scheint. Der Alte Elbtunnel an den St.-Pauli-Landungsbrücken ist, wie an jedem Wochenende und Feiertag, für Autos gesperrt. Aber nicht für Fußgänger. Ein Picknick im Rucksack, eingekauft im Trubel auf dem Fischmarkt, und dann ab in die Unterwelt! Nur wenige kennen diesen ungewöhnlichen Ausflug, der am bombastischen Eingangstor des Alten Elbtunnels beginnt.

Dazu muss zuerst die Geschichte dieses 1911 eröffneten Tunnels gewürdigt werden. Sein Bau war eine Pioniertat. Im damals noch wenig erprobten Schildvortriebsverfahren wurden in 23 Meter Tiefe unter dem Wasserspiegel der Elbe zwei Röhren durch den Sand getrieben, weil dringend ein Weg für Tausende am Nordufer wohnende Arbeiter zu den Werften am Südufer benötigt wurde. Die Bedeutung dieses ersten

Flusstunnels auf dem europäischen Kontinent, der damals als technische Sensation gefeiert wurde, ist heute noch an den pathetischen Kuppelbauten abzulesen, die das Eingangstor bilden.

Durch ein Treppen- und Aufzugssystem in zylindrischen Schächten geht es abwärts. Der Fußgänger wird gebeten, sich links zu halten. Vor ihm liegt ein knapp 500 Meter langer Schlauch. Hell gekachelt. Einigermaßen beleuchtet. Am Ende des Tunnels scheinen sich die parallelen Wände im Unendlichen zu treffen. Aber das scheint nur so. Für die Betrachtung der Kleinreliefs in der Majolika-Verkleidung, entworfen von Hermann Perl, nimmt der Fußgänger sich nicht so richtig Zeit. Der scheinbar endlos lange Raum nimmt ihn zu sehr gefangen. Froh, dass ihn der Aufzug schnell wieder in die Oberwelt befördert, nimmt er auf Steinwerder, wo er angekommen ist, vor allem erst mal eins wahr. *Wie still es hier ist!* Kaum zu glauben, dass Steinwerder einmal das hämmernde Herz des deutschen Schiffbaus war.

Heute leben in dem Hafen- und Industriestadtteil Steinwerder auf rund acht Quadratkilometern 60 Menschen. Die ehemalige Elbinsel wird im Süden von der Köhlbrandbrücke begrenzt, im Osten und Westen von den Elbarmen Reiherstieg und Köhlbrand. Sofort fällt das massive rote Backsteingebäude der Hauptverwaltung von Blohm + Voss ins Auge. In den Docks der 1877 gegründeten Werft werden heute mehr Schiffe repariert als neu gebaut. Die amphibische Landschaft hinter der Hauptverwaltung mit ihren diversen Häfen lässt sich gut mit dem Fahrrad oder Auto erkunden. Kuhwerder-, Kaiser-Wilhelm-, Ellerholz-, Oder-, Roß-,

Trave-, Vulkan-Hafen. Das ist ein Ausflug für Pfadfinder mit Sinn für herbe Hafenromantik.

Der Fußgänger sucht den kleinen Park am Wasser hinter dem Eingangsgebäude des Alten Elbtunnels. Der Park ist mehr eine steinerne als eine grüne Arena. Aber dafür mit einem Panoramablick, wie er seinesgleichen sucht.

Auf der Mauer sitzen und einfach nur auf die Elbe, den Hafen und das gegenüberliegende Ufer schauen! Das leise Geräusch der Wellen am Ufer, wenn ein Schiff vorbeifährt. Einfach großartig!

Eine Informationstafel belehrt über das, was von links nach rechts am nördlichen Hafenrand zu sehen ist: Fischauktionshalle, Tropenkrankenhaus, Seewetteramt, Deutsches Hydrographisches Institut, Fernsehturm, Bismarckdenkmal, Schwedische Seemannskirche, Michel, Rickmer Rickmers, Rathaus, St. Petri, St. Nikolai, St. Jacobi, St. Katharinen, Speicherstadt, Kehrwiederspitze, Elbbrücken. Vergessen hat man den mächtig vor dieser Kulisse liegenden Backsteinkubus des Kaispeichers A im Osten. Das wird sich ändern, wenn das Gebäude ab 2010 unübersehbar die „gläserne Welle“ der Elb-Philharmonie tragen wird.

Lust auf Seitenwechsel? Schuss und Gegenschuss? Der Weg ist nicht weit. Zurück durch den Alten Elbtunnel und rauf auf den Stintfang bei den Landungsbrücken am Nordufer. Als Ausguck oben am steilen Geesthang der Elbe bietet sich ebenfalls eine Arena an. Nur viel größer und alltags stiller als sonntags. Das Halbrund liegt zu Füßen der großen, modernen Jugendherberge, die Hamburgs erste Senatorin Paula Karpinski in den 1950er-Jahren dem damaligen Bürgermeister Max

Brauer abtrotzte, der an dieser exponierten Stelle lieber ein Hotel gesehen hätte.

Der Name Stintfang erinnert an den alten Wallgraben zu Füßen des Geesthangs, der extrem reich an Fischen, vor allem Stinten, gewesen sein soll.

Auf der Anhöhe darüber begannen die Wallanlagen, die die Hansestadt seit dem 17. Jahrhundert gegen Überfälle schützten. Sie zogen sich in weitem Bogen von der Elbe bis zur Alster bei der Lombardsbrücke und trafen beim Baumwall wieder auf die Elbe. Bereits im Biedermeier wurden die geschleiften Wallanlagen zur grünen Promenade für die Bürger umgestaltet. Von der ehemaligen Bastion Albertus auf dem Stintfang hat man heute einen grandiosen Blick auf Landungsbrücken, Hafen und Umgebung.

Nicht weit davon schaut der alte Reichskanzler Otto von Bismarck aus 34 Meter Höhe elbabwärts zum Meer. Hamburgs größtes, monumentalstes Denkmal, geschaffen von Hugo Lederer, wurde 1906 eingeweiht. Acht Jahre nach dem Tod des Kanzlers und lange, nachdem „der Lotse das sinkende Schiff verlassen hatte“, wie eine Karikatur die Entlassung Bismarcks durch Kaiser Wilhelm II. damals kommentierte.

Die heitere Seite des Lebens findet sich wieder unterhalb der Stintfang-Arena. Tatsächlich ein kleiner Weinberg! Ein Schild informiert, dass hier Deutschlands nördlichster Wein heranwächst: „Hamburger Stintfang Cuvée aus roten Regent- und weißen Phoenixtrauben.“ Die Weinernte wird in jedem Herbst in den Hamburger Zeitungen angemessen gefeiert.

Dockland an der Großen Elbstraße

Eine Treppenanlage mit Weitblick

1970er-Jahre. Die in Övelgönne ansässige Kapitänsgattin zeigt nach Osten: „Ganz dahinten, Große Elbstraße, das ist der Lastwagen-Strich. Du weißt schon – Bordsteinschwalben."

Seitdem hat sich viel verändert. Dort, wo damals das ausgefranste Rotlichtmilieu von St. Pauli in einer Art verwilderter Vorstadtsteppe anzutreffen war, tummeln sich jetzt die Schönen und die Reichen. Wenn heute in den vornehmen neuen Restaurants an der Großen Elbstraße gefeiert wird, heißt es am Entrée: „Stehen Sie auf der Liste?" und: „We have a Dresscode, Lady." Der Altonaer Hafenrand ist in seiner neuen Mischung aus junger Gastronomie, altem Fischhandel, neuer Büroansiedlung, alter und neuer Architektur auf sehr hanseatische Art und Weise nobel geworden.

Machen wir's den Möwen nach, suchen wir uns einen exponierten Platz, um die ganze Sache aus der Vogelperspektive zu betrachten. Das macht auch Sinn, weil sich an der Großen Elbstraße – genauer an der wasserseitig gelegenen kleinen parallelen Van-der-Smissen-Straße – der absolut attraktivste, faszinierendste, grandioseste Ort für diese Perspektive in luftiger Höhe anbietet. Ein Ort auch, der die Kritik am Schrumpfen des öffentlichen Raums zugunsten des privaten Raums bei der hier geschaffenen Realität verstummen lässt. Das beginnt schon am Elbkaihaus, wo nach der Durchquerung des feinen „Au Quai" (Restaurant) jedermann auf der weiten Treppenanlage gen Süden Platz nehmen kann, um den Blick aufs Wasser zu genießen. Blickfang ist ein scheinbar im Wasser liegender, architektonisch wahrhaft atemberaubend gestalteter gläserner Kasten: das „Dockland" der Architekten Bothe, Richter, Teherani. Unser Ziel für die Vogelperspektive!

Das trapezförmige Gebäude mit seiner hellen Betoneinfassung liegt flach im Wasser wie eine riesige gläserne Salmiakpastille. Auf der Eingangsseite des siebengeschossigen geometrischen Körpers im Osten grenzt eine helle Betonplatte das „Dockland" gegen das Kopfsteinpflaster der Umgebung ab. Sieht aus, als ob die Architektur hier irgendwann am Ufer festgemacht hätte. In Wirklichkeit wurde die Halbinsel vor der Kailinie für den Neubau künstlich aufgeschüttet. Auf dem hellen Vorplatz laden Betonblöcke zum Sitzen ein. Gut, denn jetzt geht es aufwärts. Entweder rechts oder links auf der beidseitigen Außentreppe, die die große Attraktion dieses in die Geometrie so gekonnt verliebten Gebäudes ist. Eine Treppenanlage, wie sie der Mexikoreisende von den Pyramiden der Mayas oder der Ägyptenfahrer von den Pyramiden aus der Pharaonenzeit kennt. Aber was es an den historischen Pyramiden nicht gibt, hilft hier beim Erklimmen der Treppen: Handläufe, die Segler und Motorbootfahrer sofort an den guten alten Spruch erinnern werden: „Und immer eine Hand am Schiff!"

135 Stufen. Die kleine sportliche Leistung wird grandios belohnt. Wer schon beim Erklimmen der Treppen das Gefühl hatte, eine Himmelsleiter emporzusteigen, ist oben dem Himmel ganz nah. Nicht immer ist es auf der Dachterrasse zwischen Himmel und Erde still. Denn die öffentlich zugängliche Plattform des „Dockland" ist seit ihrer Eröffnung im Jahr 2006 von vielen Menschen als große kostenlose Attraktion entdeckt worden. Aber manchmal ist man dort oben auch ganz allein. Trifft höchstens noch den Leser, der hier bei gutem Wetter meistens an einem windgeschützten Platz hockt und in sein Buch vertieft ist. Ein Stammgast, den wir nicht stören wollen. Unser Blick geht in alle vier Himmelsrichtungen. Im Westen tauchen am Horizont, wo Himmel und Erde im Dunst ineinander übergehen, Schiffe auf. Die Elbhöhen säumen das rechte Ufer des Stroms bis weit hinter Blankenese. Deutlich schiebt sich vor Övelgönne der ehemalige Kühlturm, heute Seniorenheim, in den Blick. Wer schwindelfrei ist, schaut nach unten und kann sehen, dass die Nordsee noch am Kai des „Dockland" mit Ebbe und Flut spielt. Im Süden ist das Ufer besetzt mit einem Wald von Kränen. Ebenso mächtig wie elegant hebt sich aus dieser Hafenlandschaft die Köhlbrandbrücke in den Himmel. Hamburgs modernes Wahrzeichen, das mit einer Höhe von 54 Metern die gelungene Landmarke des Hamburger

Hafens ist. Aber siehe da – auch das traditionelle Wahrzeichen der Hansestadt, der 132 Meter hohe Turm der St.-Michaelis-Kirche, ist vom Dach des „Dockland“ aus zu sehen. So eben und eben, wie der Hamburger sagt. Denn viele alte und neue Gebäude machen im Osten die Sicht auf den Michel streitig. Das Panorama elbaufwärts ist grandios. Die St.-Pauli-Landungsbrücken mit ihren Grünspankuppeln kennt jeder. Dass das ehemalige Fährterminal (Architekten Alsop, Störmer, me di um) ganz in der Nachbarschaft des „Dockland“ zum Ende des 20. Jahrhunderts Vorreiter eines Aufbruchs in eine Phase zeitgenössischer Architektur in der Hansestadt war, wissen nur noch Wenige. Wenn die von den Hamburgern jedesmal heftig bejubelte „Queen Mary II“ im Hafen Station macht, legt das Passagierschiff nicht am Fährterminal Altona an, sondern hinten im Hafen in der neuen HafenCity. Zu den vielen Logenplätzen dieses Ereignisses zählen dann auch die Fenster der beiden Hochhäuser an der Palmaille, die in architektonischer Einfalt das Bild nach Norden auf der Aussichtsplattform des „Dockland“ markieren. Klein und fein links daneben das rote Ziegeldach der Altonaer Christianskirche am Beginn der Elbchaussee, zu deren Füßen der Dichter Klopstock mit seinen beiden Frauen unter hohen Linden seine letzte Ruhestätte hat. Aber das ist ein stiller Ort mit einer sehr, sehr anderen Aura. Wir bleiben an der Großen Elbstraße und wenden uns, nach den Ausschweifungen in die Ferne, am Fuß der neuen Himmelstreppe den leiblichen Genüssen zu, die hier – zwischen Fischereihafen-Restaurant, Frischeparadies, Blauem Hummer, Kaviar Kontor und vielen anderen – reichlich bedient werden.

Altonaer Balkon

Mittendrin versteckt: der Biergarten „Alte Welt“

Sommer auf dem Balkon. Das klingt nach neun Quadratmetern Glück im beschützten Rechteck mit Topfpflanzen. Auf dem Altonaer Balkon kann jeder dieses kleine Glück mit dem ganz, ganz großen vertauschen. Altonaer Balkon: Das ist „Alte Welt“, neuer Spielplatz, viele Ruhebänke, mäandernde Wege, hügeliger Rasen.

Panoramablicke so weit und so großartig, dass es einem immer wieder den Atem verschlägt. Und viel Geschichte drumherum.

Zitat eines Weitgereisten, der viel von Schönheit verstand: „Wahre Schönheit, das ist Neapel und der Posilipo, das ist die Umgebung von Dresden, die Elbe bei Altona.“ Es war der französische Schriftsteller Stendhal, der die Elbe bei Altona so enthusiastisch zu den größten Schönheiten Europas zählte. Die Landschaft zu Füßen des heutigen Altonaer Balkons hat sich seit dem Besuch des Franzosen zu Beginn des 19. Jahrhunderts heftig verändert. Ein Wald von Kränen, gigantische Schiffe, die die Elbe rauf und runter fahren, am Horizont die elegante Köhlbrandbrücke, auf der die Lkws wie Spielzeug erscheinen. Die Hafenlandschaft am Strom, gesehen vom Altonaer Balkon, ist anders als vor 200 Jahren, aber heute mindestens noch genauso faszinierend.

„Alte Welt". Wer in einem der verschwiegensten Biergärten von Hamburg einkehrt, sucht sowieso eher die Nähe als die Ferne. In der hügeligen Parkanlage des Altonaer Balkons duckt sich die mit Graffiti übersäte Einkehr zwischen zwei Erhebungen in ein Tälchen, leicht zu übersehen hinter Büschen und Bäumen. Geöffnet nur im Sommer. Aber dann kann man sich an lauen Abenden auf den Bierbänken, unter den bunten Glühbirnen fühlen wie verreist. Verreist an einen merkwürdigen Ort, wo Italien und Hamburg sich die Hand reichen.

Spielplatz. Er ist so groß wie eine Zirkusmanege. Der Sandkasten in der Mitte kann es aufnehmen mit den Ausmaßen einer Kinderzirkusarena. Elefanten aus Stein halten eine Balancierstange im Rüssel. Löwen aus Stein bewachen den Sandkasten. Sie sehen aus wie Kuscheltiere. Eine stabile Hängematte lädt zum Träumen ein. Die Kinder, die dort spielen, sind überzeugt, dass der neue Spielplatz auf dem Altonaer Balkon der schönste Spielplatz von ganz Hamburg ist. Dass ein wohl etwas größeres Kind den Satz „Time for the first kiss" in der Nähe des Spielplatzes an einen Kasten gesprayt hat, stört die kleineren Kinder nicht, spricht aber auch für gute Laune.

Ruhebänke. Sie sind gut verteilt in der Anlage zwischen Großer Elbstraße und Palmaille. Der Altonaer Balkon mit seinen kräftigen Stützmauern gen Süden liegt 22 Meter über dem Ufer des Stroms. Angenehme „Höhenluft" für die Spaziergänger, die sich auf den Bänken ausruhen. Da es genug Bänke gibt, muss man sich nicht um Sitzplätze streiten.

Mäandernde Wege, hügeliger Rasen. Der Altonaer Balkon in seiner heutigen Form wurde nach dem Zweiten Weltkrieg als Grünanlage und Aussichtsplattform oberhalb des Altonaer Fischereihafens geschaffen. Von hier führt der Elbuferweg in östlicher Richtung zum Hafen und nach Westen bis nach Blankenese und Rissen. Diese großzügige Grünanlagen- und Wegeplanung verdankt Altona seinem herausragenden Baudirektor Gustav Oelsner (1879–1956), der im Verein mit Bürgermeister Max Brauer (1887–1973) Naherholungsgebiete für die Bevölkerung plante, als in anderen Städten die Privatisierung des öffentlichen Raums noch Vorrang hatte.

Geschichte drumherum. Die kurioseste historische Anmerkung ist ein Denkmal. Da widmet „Das Hamburger Comitee für Opfer des Seekriegs" den „Gefallenen Tapferen der Österreichischen Marine" ein in Stein gehauenes Gedenken. So tapfer geschlagen haben sich die österreichischen Seefahrer vor Helgoland am 9. Mai 1864, wie das Denkmal weiter verkündet. Des Rätsels Lösung: 1864 veranlasste Otto von Bismarck einen Krieg Preußens und Österreichs gegen Dänemark um Schleswig-Holstein. Dänemark verlor. Altona wurde preußisch.

Wer vor dem Denkmal steht, hat auch die Schauseite eins der schönsten Gebäude der an den Altonaer Balkon angrenzenden Palmaille im Blick. Das Stadtpalais des Reeders Georg Friedrich Baur wurde entworfen von dem Kopenhagener Christian Friedrich Hansen, der 1784 zum königlich-dänischen Baumeister in Altona ernannt worden war. Seine im klassizistischen Stil errichteten Häuser geben der Palmaille noch heute ihr Gesicht. Die großzügige Breite von Altonas ehemaliger Prachtstraße wurde aber schon 150 Jahre vor Christian Friedrich Hansens klassizistischer Prägung angelegt. 1638 war die Palmaille in vier Spuren und vier Baumreihen geteilt worden. Eine Planung, die dem damals sehr beliebten Spiel mit Holzkugeln Pallamaglio dienen sollte. Das dann aber hier nie gespielt wurde.

Dafür kann man heute in der Nachbarschaft das französische Boule spielen. In der Grünanlage nördlich des Altonaer Rathauses, vor dem Altonaer Museum, gibt es eine im Sommer viel genutzte Anlage. Ein kurioses Denkmal auch hier. Der Stuhlmann-Brunnen nächst dem Boule-Platz zeigt zwei grünspanüberzogene mächtige Zentauren, die um einen im Netz zappelnden Fisch kämpfen: Symbol der weit in die Geschichte zurückreichenden Auseinandersetzung zwischen Altona und Hamburg um die Fangrechte an der Elbe.

Vom Altonaer Balkon fällt der Blick auch auf das weiße Rathaus im Neo-Renaissance-Stil, das einmal Altonas prachtvoller Bahnhof war. Sehr viel bescheidener zeigt sich daneben die 1738 eingeweihte Christianskirche, benannt nach dem dänischen König Christian VI. Auf dem stillgelegten Friedhof rund um die Kirche raschelt der Wind in den Rhododendronbüschen. Wer ganz leise ist, kann manchmal eine Nachtigall hören. Unter hohen Linden vor der Kirche ruht der

Dichter Friedrich Gottlieb Klopstock (1724–1803) mit seinen beiden Frauen. Seine Verse sind fast vergessen. An seine prunkvolle Beerdigung wird heute noch gerne erinnert.

Klopstock genauso wie Wilhelm von Humboldt waren gern gesehene Gäste auf dem Landsitz der Familie Donner. Wer vom Altonaer Balkon aus zu dem Platz wandern will, wo 1943 das Donnersche Schloss von Bomben zerstört wurde, überquert im Westen die Kaistraße auf der hohen Brücke. Er kommt zu der kleinen Rainvilleterrasse und folgt dem Schopenhauerweg. Wer sich an Hamburgs schönem Ufer auskennt, weiß: Der Schopenhauerweg führt durch eine Kette kleiner Parks, der jeder ein stiller Winkel von ganz eigener Schönheit ist. Heinepark, Donnerspark, Rosengarten. Recht so, dass dieser stille Weg dem Philosophen Arthur Schopenhauer (1788–1860) gewidmet ist. Er schrieb einmal an seine Mutter: „Die Philosophie ist eine hohe Alpenstraße, zu ihr führt nur ein steiler Pfad über spitze Steine und stechende Dornen." Besser passt zu dem Schopenhauerweg am hohen Ufer der Elbe und gleichermaßen zu den mäandernden Wegen am Altonaer Balkon ein anderer Satz des Philosophen: „Von einem, der spazieren geht, kann man niemals behaupten, er mache einen Umweg."

Zur Traube – Ottensen

Sehr verschwiegen: Hamburgs älteste Weinstube

Gut, dass die leuchtenden Weintrauben im XXL-Format über dem Eingang des kleinen gelben Hauses den Weg weisen! Hamburgs älteste Weinstube liegt verborgen in einem Winkel, der wie eine Aufforderung zum Versteckspielen erscheint. Am Südrand des erhalten gebliebenen, ehemals dörflichen Wegenetzes von Ottensen, das als Straßenlabyrinth heute für jeden Fremden eine schöne Herausforderung ist, in der heutigen Karl-Theodor-Straße 4, legte Emil Peters 1880 den Grundstein für seine Weinhandlung.

Der in Ottensen geborene Kaufmann hatte eine Nase für neue Entwicklungen. Die Blütezeit Hamburgs als „Brauhaus der Hanse" war vorüber. Kein Vergleich mehr mit dem späten Mittelalter, als im 14. Jahrhundert fast 500 Brauereien in der Hansestadt existierten und Bier ein Drittel des Exports bestritt. In „besseren

Kreisen“ wurde jetzt Wein getrunken, vor allem Rotspon aus Bordeaux. Den Anstoß zu einer Verfeinerung der Ess- und Trinkgewohnheiten an der Elbe hatten die französischen Revolutionsflüchtlinge gegeben, die sich nach 1789 in Hamburg und Altona angesiedelt hatten.

Wo die Wirtschaft blüht, da wird auch gerne gut gegessen und getrunken. Das galt vor allem für Ottensen seit 1867, als der Ort preußisch wurde und, anders als Hamburg und Altona, ab da zum Deutschen Zollverein gehörte. Das ländliche Ottensen mutierte im wirtschaftlichen Aufschwung zum Industriestandort. 1871 erhielt das bis dahin größte preußische Dorf Stadtrecht. 1868 war die Schiffsschraubenfabrik Zeise gegründet worden. (Heute kennt man die Zeisehallen als Kulturzentrum; genauso wie die nahe gelegene Fabrik, eine ehemalige Maschinenfabrik, aus der in den 1970er-Jahren Deutschlands ältestes Kultur- und Kommunikationszentrum wurde.)

Es dauerte noch eine gute Weile, bis aus Emil Peters' Weinhandlung eine Weinstube wurde. 1919 war die Eröffnung. In den darauf folgenden sechs Jahren schnitzte Emil Peters an dem Ambiente, das die „Traube“ bis heute zu einem Ort gastlicher Behaglichkeit macht, wie es ihn so in ganz Hamburg und darüber hinaus nicht ein zweites Mal gibt. Im Verein mit einem Architekten, einem Bildhauer und einem Holzschnitzer schuf er die Rundumvertäfelung des Raums.

Die bis unter die Decke reichenden Holzwände sind mit Reliefs und Figuren geschmückt, die vom Genuss des Weins und den Folgen erzählen. Das beginnt schon vor Betreten des Lokals. Sieben Szenen an der Eingangstür zeigen den Weintrinker und die Weintrinkerin in den verschiedenen Stadien der Seligkeit. Eine schlanke Maid sitzt aufrecht und doziert mit erhobenem Weinglas in der Hand. Hier scheint der Rebensaft den Geist illuminiert zu haben. Am anderen Ende der Skala ist ein korpulenter Trinker auf den Boden gerutscht. Er schläft, hält das Glas aber für alle Fälle noch fest mit den Fingern umschlossen, als ob die nächste Runde keinesfalls an ihm vorbeigehen sollte.

Die Weinstube wird erleuchtet durch kleine Tütenlampen in Rot und Gelb. Niedrige, geschwungene Holzwände trennen die kleinen und größeren ovalen Tische. Eine Andeutung von Separees, wie sie als öffentliche Nischen der Intimität zu Beginn des 20. Jahrhunderts sehr geschätzt wurden.

Alles ist aus Holz. Auch die Bar und die knarrende Treppe, die nach oben in einen weiteren Raum führt. Die Vertäfelung ist im Verlauf von fast 100 Jahren dunkel geworden. Ottensen war einmal eine Hochburg der Tabakindustrie. Immer wieder schön ist die Geschichte, dass Vorleser damals die Zigarrendreher mit Texten von Karl Marx und Lassalle „indoktrinierten“, statt sie schnell lesend zum schnelleren Arbeiten zu motivieren. Dass der Tabakqualm die Wände der kleinen „Traube“ eingedunkelt hat, ist eher unwahrscheinlich. Denn Emil Peters hatte festgeschrieben, dass in seinem Lokal nicht geraucht werden dürfe, keine Musik und keine Liebeleien geduldet würden.

Ottensen ist heute trotz seines Strukturwandels an vielen Ecken immer noch ein Nachtjackenviertel mit Häkelgardinen. Glücklicherweise blieb auch die „Traube“, unangefochten von sämtlichen Trends, bis heute die „Traube". Auch als die Karl-Theodor-Straße in den 1970er-Jahren mit einem fortschrittlichen Sanierungsmodell bundesweit Schlagzeilen machte. Damals sorgte die Stadt für Interimswohnungen. Nach der Renovierung konnten die Mieter zurück in ihre nun aufgewerteten Unterkünfte.

Dass in der „Traube" alles beim Alten bleibt, gilt allerdings nicht für die Wein- und die Speisekarte. Ein Wandel zum Wohl des Gastes. Die Weinkarte ist so umfangreich, wie es heute für eine Weinstube angemessen ist. 45 offene Weine und Flaschen von 70 verschiedenen Lagen können bestellt werden. Emil Peters wäre wahrscheinlich einigermaßen fassungslos, wenn er sähe, dass die in seinem Stübchen angebotenen Weine heute aus allen Teilen der Erde kommen. Staunen würde er auch über die Vielfalt der Rebsorten. Allein bei einer speziellen Verkostung südafrikanischer Weine stehen auf dem Programm Shiraz, Cabernet Sauvignon, Merlot, Chardonnay und Sauvignon Blanc.

Was der Koch der „Traube", der Franzose Gilles Niel, dazu als Gaumenkitzel empfiehlt, würde Herrn Peters wahrscheinlich völlig aus dem Häuschen bringen: Kichererbsensuppe mit Ratatouille, gebratene Schnecken mit Kräuterbutter, frittierte Scampibällchen am Kapernspieß, Parmesan-Crème brulée.

„Zur Traube" liegt im Rücken der feinen Elbchaussee. Die Weinstube ist ein versteckter Auftakt zu Hamburgs schönster, längster Wohnstraße, die heute zwischen Ottensen und Blankenese gespickt ist mit einigen der besten Restaurants der Stadt. Man erinnere sich: Anfang der 1970er-Jahre konnte es passieren, dass der Gast an der Elbchaussee ab neun Uhr abends mit kalten Sardinen aus der Dose abgespeist wurde. Warme Küche? Fehlanzeige. Heute gibt es – bei gut gefülltem Portemonnaie – die Qual der Wahl. Es ist ja kein Fehler, einfach mal vorne bei der „Traube“ anzufangen, bei Gilles Niels kulinarischen Empfehlungen, die sich nicht zuletzt durch moderate Preise auszeichnen.

Oberhafen-Kantine

Nirgendwo kann man so schön schwindelig werden

Der Großstadt untern Rock gucken. Das mochte Christa Mälzer immer gerne. Und weil das Wünschen immer schon geholfen hat, fand sich 2006 zur rechten Zeit der rechte Ort zur Bewirtschaftung – die Oberhafen-Kantine, das winzigste Wirtshaus von Hamburg. Nur fünf Minuten gen Süden von den noblen Deichtorhallen am Klostertor entfernt, jenseits des Oberhafens, gerät man in eine andere Welt. Eine gemütliche „kleine Backsteinbutze“ am Wasser mitten im unbehausten Großstadtchaos von Eisenbahnschienen, kreischenden Zügen, Lagerschuppen, Brücken, unfertigen Straßen, dröhnenden Lkws: die Oberhafen-Kantine. Ein bizarrer Ort mit Charakter.

„Kleine Butze“ ist inzwischen charmant untertrieben. Denn die Oberhafen-Kantine gilt längst als Geheimtipp, Lieblingsort, Kulttreff für Großstadtscouts, die gerne auf Pfaden abseits der allgemeinen Routen unterwegs sind. Stammlokal auch – wie schon früher – für viele, die am Oberhafen, in der Nachbarschaft der neuen HafenCity und der alten Speicherstadt ihrer Arbeit nachgehen.

Wie früher. Das begann im Juli 1925, als die Oberhafen-Kantine eröffnet wurde. Gebaut wurde die kleine Gastwirtschaft aus Klinkersteinen, die für die Errichtung von Hamburgs schönstem Kontorhaus, Fritz Högers Chilehaus, damals am Oberhafen von Schiffen auf Pferdefuhrwerke umgeladen wurden. Irgendwie fielen genug Klinkersteine für die Oberhafen-Kantine ab. Auch die Architektur des Chilehauses hat ein bisschen abgefärbt: spitzwinklige Fenster- und Türöffnungen, wie man sie im Backstein-Expressionismus liebte.

Wichtiger war der Kundschaft der neuen Schankwirtschaft mit Sicherheit, dass es hier schon ab fünf Uhr in der Frühe frisch aufgebrühten Kaffee gab. In der Zulassung der „Behörde für das Schankkonzessionswesen" war allerdings ausdrücklich vermerkt, dass in der Oberhafen-Kantine zwar Branntwein, aber keine Zigaretten, kein Tabak, keine Schokolade oder Backwaren verkauft werden dürften.

Als im Krieg rings um die Oberhafen-Kantine halb Hamburg in Flammen aufging, blieb die kleine Gastwirtschaft wie durch ein Wunder unversehrt. Seit 2000 steht sie unter Denkmalschutz.

Die Tochter des ersten Wirts, Anita, hatte mit zwölf Jahren die Schule verlassen müssen, um ihrem Vater in der Oberhafen-Kantine zur Hand zu gehen. Die alten Stammgäste werden sich erinnern. Anita und Marianne. Das waren die beiden alten Damen, die wie zwei

Urgesteine der hanseatischen Gastronomie bis 1997 die Gäste mit Erbsensuppe versorgten. Marianne war zuvor die „gute Seele“ in einem Barmbeker Ballhaus gewesen. Als Anita Haendel 1997 starb, wurde die Oberhafen-Kantine geschlossen.

Nach der Sanierung und Wiedereröffnung ist fast alles beim Alten geblieben. Fast. Der Holzboden der kleinen Wirtschaft ist so schief wie eh und je. Wie auf einem Segelschiff, das sich in den Wind legt. Man gewöhnt sich dran und glaubt, dass die Erde schief liegt, wenn man vor die Tür geht. Wirklich neu ist alles am Fuße der Kellertreppe, in der Küche. Es ist hell. Zwei Fenster geben natürliches Licht. Bunte Kacheln machen gute Laune. Hier ist das Reich von Küchenchef Kay Pellegrini. Von hier aus flitzt die Bedienung mit den Speisen die Treppe rauf. Gediegene Hamburger Küche. Anitas Frikadelle, Labskaus (Christa Mälzers Lieblingsgericht), Wiener Schnitzel, Currywurst, Pommes à la Tim. Tim? Ja, der Sohn und Starkoch aus dem Fernsehen. Natürlich Rote Grütze und hausgemachte Kuchen.

In der Gaststube darf man sich an den Tischen gerne dazusetzen. Wenn die beiden Trucker aus dem Iran da sind, Stammgäste, die regelmäßig Teppiche aus dem Iran nach Hamburg fahren, am nahen Lohseplatz nächtigen, in der Oberhafen-Kantine am liebsten Fisch essen, dann wird die Unterhaltung bunt. Manchmal wortwörtlich, wenn Papier und Stift zur Förderung der Unterhaltung hinzugezogen werden. Eine gewundene Treppe führt in einen Raum unter dem Dach. Buchungen für Treffen an dem langen Holztisch liegen schon ein Jahr im Voraus vor.

Und dann ist da noch die lange Bank draußen im Rücken der Oberhafen-Kantine direkt am Wasser. Manchmal kommt ein Boot vorbei. Sonst ist es still. Bis auf die typischen Großstadtgeräusche an diesem Ort. Vor der Tür stehen ein paar Gartentische mit Stühlen. Ein Logenplatz, wenn die Sonne untergeht und die Türmchen und Zinnen der Speicherstadt, jenseits der Bahngleise, aussehen wie feine Scherenschnitte.

Zweifellos steht die Oberhafen-Kantine an einem Ort, der eine starke urbane Kraft hat, an dem sich mehrere historische Schichten überlagern. Der Oberhafen war Hamburgs Verbindung zum elbaufwärts gelegenen Hinterland. Hier landeten die Schuten aus den Vierlanden, beladen mit Obst, Gemüse und Blumen für die Großstadt. Die Straßenbahn, die früher vom Klostertor zum Steintor fuhr, brachte in einem Extraanhänger die Waren vom Wasser frisch in die Läden auf dem Oberland.

Der Oberhafen war Anfang des 17. Jahrhunderts beim Bau der Stadtbefestigung angelegt worden. Am Rande der Verbindung zwischen Ober- und Unterelbe entstanden im 19. Jahrhundert mehrere Bahnhöfe. Der Berliner Bahnhof, der Lübecker Bahnhof und der Pariser (später Hannoveraner) Bahnhof, Hamburgs Tor zum Süden. Als 1906 der Hauptbahnhof eingeweiht wurde, die alten Bahnhöfe geschlossen wurden, hatte sich die Landschaft am Platz der späteren Oberhafen-Kantine durch die neuen Gleisanlagen sehr geändert. Das kleine Gasthaus liegt genau an den Gleisen im Osten mit Durchgang zum Westen – und wenn die Oberhafenbrücke mal wieder begehbar ist – mit direkter Verbindung zu den Deichtorhallen im Norden.

Als Christa Mälzer im April 2006 die Oberhafen-Kantine wiedereröffnete, waren Zugang und Zufahrt abgeblockt durch eine Großbaustelle. Es war ein Jahr lang eine Herausforderung, ein kleines Abenteuer, hinzufinden. Seit das Verkehrsnetz der neuen HafenCity Form annimmt, die Shanghaiallee geöffnet wurde – dann erste Ampel links und geradeaus – ist alles einfach. Dann muss man so einen Ort nur noch lieben. Die Adresse der Oberhafen-Kantine ist Stockmeyerstraße 39. Der Name der Straße ist auch so eine Hamburger Erfolgsgeschichte. Heinrich Meyer (1797–1848) verkaufte als kleiner Junge auf der Straße am Rathaus Spazierstöcke, die sein Vater in der Freizeit schnitzte, um den Lebensunterhalt der Familie aufzubessern. Daraus wurde unter dem Sohn eine gut florierende Firma. Heinrich Meyer genoss bald hohes Ansehen als der „Stockmeyer".

Schlupfwinkel in der Speicherstadt

Mutterseelenallein am Kleinen Fleet

Im atlantischen Bermudadreieck sollen Schiffe auf geheimnisvolle Weise verschwinden. Im Bermudadreieck in der Speicherstadt verschwinden Menschen. Und das geht so: Passanten laufen entlang an den Backsteinfassaden der Straßen Brook und Pickhuben, die den spitzen Winkel des Dreiecks bilden. Plötzlich sind sie verschwunden. Als ob die Häuser sie verschluckt hätten. Die Augentäuschung ist oft deshalb so perfekt, weil die beiden Zugänge zu dem Schlupfwinkel inmitten des Häuserdreiecks völlig unauffällig sind. Nach fünf, zehn Minuten oder nach einer Stunde, wenn die Menschen auf den Ruhebänken im Innenhof vielleicht ein Nickerchen gemacht haben, tauchen sie, anders als die Schiffe, wieder auf.

Das Dreieck liegt zwischen Zollkanal, Brooksfleet und Kleinem Fleet. Kaum jemand kennt den Innenhof.

Zwischen den hohen alten Mauern ist es still. Außer einer schön geschwungenen Feuerleiter ist nichts Aufregendes zu sehen. Aber es gibt Ruhebänke und auf der gegen Osten gelegenen Seite des Innenhofs einen Ausguck in die Stadtlandschaft, der wie ein Altan übers Wasser gebaut ist. Das Wasser ist das Kleine Fleet. Eine Querverbindung im Wasserstraßensystem der Speicherstadt. Bei Niedrigwasser fällt das Kleine Fleet frei und wird zur glänzenden Matschlandschaft, gegen die kleine Wellen anlaufen.

Drei Brücken führen zu dem Häuserdreieck zwischen Neuem Wandrahm und Pickhuben: Jungfernbrücke, Kannengießerortbrücke, Neuerwegsbrücke. Von dem Altan aus kann man den Turm der St.-Katharinen-Kirche und den Turm von St. Nikolai sehen. Beide Kirchen wurden im Mittelalter gegründet. Die Speicherstadt, deren geheimen Schlupfwinkel wir genießen, ist viel jünger. Mit dem 1888 vollzogenen Zollanschluss Hamburgs an das Deutsche Reich wurde gleichzeitig ein zollfreies Areal geschaffen, der Freihafen. Für den stark wachsenden Warenverkehr entstanden im Freihafen Speicher. Ein Quartier so groß wie eine kleine Stadt: die Speicherstadt. Sie zählt heute mit ihren markanten Backsteinfassaden, den Fleeten und Brücken zu den historisch attraktivsten Quartieren der Freien und Hansestadt. Seit der Auflösung des Freihafens zu Beginn des 21. Jahrhunderts erlebt die Speicherstadt, parallel zum Wachsen der neuen HafenCity im Süden, eine Veränderung ohnegleichen. Wie es früher war, zeigt das Speicherstadt-Museum. Doch auch die historischen Backsteinfassaden mit ihren Verzierungen und den Grünspanhauben der Aufzüge geben noch einen Eindruck vom Im- und Export der Waren, der die Kaufleute der Stadt, die sich jetzt gerne als „Tor zur Welt“ sah, am Ende des 19. Jahrhunderts reich machte.

Wer sich über die Zukunft von Speicherstadt und HafenCity informieren will, steuert das Kesselhaus an. Wegweiser sind die Metallsimulationen der beiden Schornsteine des Kesselhauses, das einmal die Versorgungsstation der Speicherstadt war und heute als Informationszentrum dient. Wer nicht glauben will, dass der Weg vom Anleger der Kreuzfahrtschiffe (Queen Mary II!) in der HafenCity bis zum Hamburger Rathaus tatsächlich sehr kurz ist, der erwandert die Strecke am schönsten ein Stück auf dem Kibbelsteg, der über die Fleete und durch die Häuser der Speicherstadt führt und so hoch liegt, dass der Wanderer auch bei Hochwasser keine nassen Füße kriegt. Der Kibbelsteg (kibbeln heißt: laut schwatzen) beginnt an der Spitze des Bermudadreiecks.

Wer jetzt Lust hat auf ein leicht orientalisch angehauchtes Refugium, wo es wunderbar nach Kaffee riecht, die Musik leise ist, die Bedienung freundlich und hübsch, der geht am Zollkanal entlang zur Brooksbrücke. In einem alten Zollhäuschen findet man das C'Ásia. Während Kaffee, Kakao und Tee heute nicht mehr in der Speicherstadt lagern, der Kaispeicher A zwar immer noch nach Kakao riecht, aber endgültig als Träger für Hamburgs kulturelles Flagschiff, die Elb-Philharmonie, auserkoren ist, spielt der Kaffee im C'Ásia immer noch die Hauptrolle. Auch für die Nase. Die braunen Bohnen wurden auf thailändischen Familienplantagen gepflückt und man kann ihn auf vielerlei Weise trinken: als Corretto, Indochine, Maroschino und so weiter.

Massih Mohamad ist ein liebenswürdiger, zurückhaltender Gastgeber. Dass er einem lehrenden Buddha in seinem C'Ásia einen Ehrenplatz eingeräumt hat, versteht jeder. Warum Herr Mohamad aus Afghanistan aber über der Bar ein eingerahmtes weißes T-Shirt hängen hat, auf dem der Name Asamoah und eine kräftige 14 aufgedruckt sind, muss er erklären. Seine Frau ist mit dem Bundesligastar in Hannover zur Schule gegangen. Der Fußballer aus Ghana hatte einfach Lust, im C'Ásia dabei zu sein. Wer sich als Fan outet, wird mit einer signierten Asamoah-Postkarte beglückt.

Zu der orientalisch angehauchten Internationalität im alten Zollhäuschen an der Brooksbrücke gehört eine entsprechende Snackkarte: Tramezzini (Italien), Bagel (New York), Baked Potatoe (England), Muffins, Donuts, Brownies (USA), Pflaumenkuchen (Deutschland), Eiscreme (Dänemark).

Im Sommer können die Gäste des C'Ásia auf der Terrasse sitzen. Von Angesicht zu Angesicht mit den fast lebensgroßen Brückenfiguren. Rechts steht Barbarossa. Kaiser Friedrich I. Barbarossa soll 1189 eine Urkunde für die Stadt Hamburg ausgefertigt haben, die ihr freie Schifffahrt bis zur Elbmündung, freien Fischfang zwei Meilen beiderseits der Stadt und ein Burgenbauverbot im Umkreis von zwei Meilen garantierte. Dass dieser Privilegienbrief nur noch in einer später verfassten Abschrift oder Fälschung vorhanden ist, hält die Hanseaten nicht davon ab, in jedem Jahr Anfang Mai mit viel maritimem Aufwand und Volksfestzauber den Hafengeburtstag zu begehen.

Noch weiter zurück in Hamburgs Geschichte reicht die linke Gestalt auf dem Brückenkopf. Der Benediktinermönch Ansgar aus dem Norden Frankreichs, genannt „der Apostel des Nordens“, leitete in der ersten Hälfte des neunten Jahrhunderts das Bistum Hamburg. Ein spätmittelalterliches Bild Ansgars hängt in der St.-Petri-Kirche. Auf der Trostbrücke steht seine im 19. Jahrhundert in Stein gehauene Figur und im Kleinen Michel, der katholischen St.-Ansgar-Kirche schräg gegenüber der evangelischen großen Michel-Kirche, wird als Reliquie ein Teil des Unterarms von Ansgar aufbewahrt. Ansgar, Barbarossa, Buddha, Asamoah. Ein französischer Bischof, ein deutscher Kaiser, ein indischer Religionsstifter, ein afrikanischer Fußballer, der es zum Spieler in der deutschen Nationalmannschaft gebracht hat. Beim Kaffee aus Thailand kann man über dieses merkwürdige Zusammentreffen an der Brücke nachsinnen.

Musikbibliothek Hühnerposten

Die Stille in der Schatzkiste der Musik

In der Musikbibliothek am Hühnerposten, in der Nachbarschaft des lauten Hauptbahnhofs, ist es still. Nirgendwo in der Stadt, in ganz Norddeutschland, gibt es einen Ort, wo mehr Musik zu Hause ist. Millionen, Milliarden Töne sind in den Regalen aneinandergereiht. 65.000 Notenbände, 20.000 Bücher über Musik, mehr als 20.000 CDs und DVDs. Unendliche, großartige Schätze, die jedermann entleihen und zu Hause laut oder leise erklingen lassen kann. Aber nicht in der Bibliothek. Da muss es still sein, damit jeder Besucher seinem Musikwunsch *ungestört* nachgehen kann.

Die Musikbibliothek ist Teil der Zentralbibliothek der Bücherhallen Hamburg, einer gar nicht hoch genug einzuschätzenden städtischen Kulturinstitution. Tatsächlich werden die Bücherhallen nach der Staatsoper, vor dem Deutschen Schauspielhaus und dem Thalia Theater, mit dem zweithöchsten Betrag aus dem Kulturetat gefördert. Seit dem Einzug 2004 in das stattliche Gebäude, das die Reichspost in den 1920er-Jahren am Klostertor errichten ließ, hat die Zentralbibliothek jetzt endlich auch die repräsentative Unterkunft, die ihr zusteht.

Hühnerposten – das soll einmal die Bezeichnung für einen sehr entlegenen, nicht wichtigen Wachposten gewesen sein. Heute tobt hier das Großstadtleben. Am Klostertor, wo im 19. Jahrhundert noch das Maria-Magdalenen-Kloster seinen Platz hatte, kreuzen sich mehrspurige Autostraßen. Schienenstränge aus allen vier Himmelsrichtungen laufen am Hauptbahnhof zusammen.

Doch in all diesem öffentlichen Getriebe behauptet sich die Kultur überraschend stark. Sie zeigt Flagge, wie man in Hamburg sagt. Angefangen mit den drei Häusern der Kunsthalle an der Alster, dem Schauspielhaus, dem Museum für Kunst und Gewerbe am Hauptbahnhof, der Zentralbibliothek, unterm Dach das Goethe-Institut, das Instituto Cervantes, den Markthallen, Kunsthaus, Kunstverein, Akademie der Künste und am Ende den beiden Deichtorhallen. Eine kurze Meile mit einem überwältigenden Kulturangebot.

Wer hier Oasen sucht, findet sie auch. Zum Beispiel auf dem großen Platz vor der Zentralbibliothek, der nach dem Hamburger Schriftsteller Arno-Schmidt-Platz heißt. Die langbeinigen Bronzefiguren von Stephan Balkenhol – Mann in weißem Hemd und schwarzer Hose, Frau in rotem Minikleid – schauen aus fünf Meter Höhe in die Ferne. Zu ihren Füßen: eine Oase. Vier mit China-Schilf besetzte Beete, davor Ruhebänke mit Blick auf die Bibliothek. Wenn im Sommer der Wind durch das Schilf fährt, kann man sogar das leise Rascheln der Blätter hören. Ein überraschendes, fremdes Geräusch im Lärm der Autos und Eisenbahnzüge.

Die Fülle des Angebots ist überwältigend. Längst hat man sich beim Sammeln von dem Prinzip verabschiedet, dass klassische Musik die Menschen bilden soll. Heute wird Musik aller fünf Kontinente angeboten. Längst sind U- und E-Musik aus der Türkei, Italien, den arabischen Ländern, Indien, aus Afrika oder Japan in die Sammlung aufgenommen worden. Seit 1989 auch verstärkt aus den ehemaligen Ostblockstaaten Russland, Polen, Usbekistan, Kasachstan, dem Baltikum. Berührungsängste, etwa bei Schlagern, gibt es schon lange nicht mehr. Zwar werden in der Musikbibliothek die Komponisten Bach, Beethoven und Wagner mit Porträtbüsten auf Sockeln geehrt. Man würde sich aber auch nicht scheuen, etwa Bob Dylan oder Madonna dazuzugesellen.

So etwas wäre 1915, als die „Musikalische Volksbibliothek“ in Hamburg gegründet wurde, undenkbar gewesen. Die Gründung war damals eine Pioniertat in Deutschland. Zu Recht wurde 1990, zum 75-jährigen Bestehen der Musikbibliothek, an ihren Leiter während der nationalsozialistischen Herrschaft erinnert. Rudolph Tschierpe rettete wertvolle Noten- und Literaturbestände vor dem „Judenverbot“, indem er sie heimlich in den Kellergewölben des alten Schulgebäudes an der Rosenstraße einmauerte.

Eine der Hauptaufgaben der Bibliothek war seit jeher und ist es heute noch, das Entleihen von Noten. Hier ist der Bestand konkurrenzlos groß. Auch im Vergleich zu den Bibliotheken der Musikhochschule und des Musikwissenschaftlichen Instituts der Universität. Die Benutzer kommen aus Hamburg und dem weiteren Umland. Was man von ihnen weiß: Es sind Lehrer und Schüler, Musikmacher und Musikhörer, Musikprofessoren und Musikstudenten, Opernfreunde und Opernsänger, Journalisten, Medienfachleute. Nichts weiß man über ihre Ausbildung, ihren sozialen Status, ihre Wünsche. Tatsache ist, dass die Nachfrage das Angebot übersteigt. Was aber auch als Kompliment an die Institution und ihre öffentliche Akzeptanz gesehen werden kann.

Zunehmend suchen die Benutzer auch einen Arbeitsplatz in der Bibliothek. Nicht selten auch Schüler aus den benachbarten Schulen, die hier ihre Hausaufgaben erledigen. Dafür ist eigentlich zu wenig Platz. Aber es gibt ihn. Da ist die Leseecke rechts mit weitem Blick in die Großstadtlandschaft. Meistens sitzen hier ältere Menschen. Die jungen zieht es eher an die Einzeltische am Fenster hinter der Glastür links. Vorbei an den langen Regalen mit den Musiker-Gesamtausgaben zum Beispiel von Bach bis Mozart, von Schönberg bis Wagner. Vorbei an Noten für Trompete und Klavier, Posaune und Klavier oder Singstimme mit Playback-Tonträger, Singstimme ohne Begleitung. Vorbei an Noten für Streichinstrumente, Tasteninstrumente, Partituren, Klavierauszüge. Die stille Welt der Musik in der Bibliothek ist schier unerschöpflich. Für Hörer, für Zuschauer (Opern-DVDs), für Musik Ausübende, für Musikforscher.

Staatsbibliothek – Laptopfreie Zone

Mönchszellen für Studierende

Stille ist relativ. Eine Ruhezone im Lärm eines Flughafens wird als stiller Raum „gefühlt". Dass eine Bibliothek – im Gegensatz zu einem Flughafen eo ipso ein Ort der Stille – Refugien bietet, die noch stiller sind als die allgemein in dieser Einrichtung herrschende Ruhe – ja, sogar das gibt es. Steigerungsfähige Stille! Zu erfahren im größten, ältesten, 1479 gegründeten „Büchertempel" der Hansestadt, in der Staats- und Universitäts-Bibliothek Hamburg Carl von Ossietzky (SUB, allgemein abgekürzt: Stabi). Hier ist die Stille so etwas wie eine „Heilige Kuh". Eben etwas sehr Kostbares und Unantastbares.

Die Stabi auf dem Universitätsgelände nördlich des Dammtorbahnhofs im Stadtteil Rotherbaum ist trotz ihrer Größe auf dem Campus der geistige Dorfplatz für die Studenten. Ein Treffpunkt im Zeichen des Lesens, Lernens, Denkens. Wer selbst einmal seine Bücher zu Hause im Regal durchzählt, bekommt in etwa eine Vorstellung von dem wahrhaft unermesslichen Reichtum dieser wissenschaftlichen Bibliothek. Vier Millionen Bücher, Zeitschriften und andere Medien stehen jedem zur Verfügung. Auch Nichtstudierenden. Zu den großen Kostbarkeiten aus fünf Jahrtausenden gehören tausend Papyri, 7800 abendländische Handschriften und Fragmente, 500 orientalische und 500 hebräische Handschriften, 500 Palmblatthandschriften, 3000 Musikhandschriften, 400 Nachlässe (zum Beispiel von Friedrich Gottlieb Klopstock, Detlev von Liliencron, Ida und Richard Dehmel, Wolfgang Borchert, Hubert Fichte, Hans Henny Jahnn).

Einschüchternde Zahlen? Nicht für die 4000 Menschen, die jeden Tag – auch sonntags ist geöffnet – das Haus am Von-Melle-Park betreten. Manche haben als Ziel nur den Schauraum links vom Eingang mit seinen vorzüglichen Themenausstellungen. Andere streben das Bistro an. Hier kann man in aller Stille lesen, sich ausruhen, einfach warten und das nie gleiche stumme Theater der Paare und Passanten jenseits der Glasscheiben auf dem Campus beobachten.

Die Steigerung der Stille ereignet sich in der ersten Etage, über der Eingangshalle. Stufe eins: das Informationszentrum für Gruppenarbeit. Es darf geflüstert werden. Bitte ganz leise. Die Gruppenarbeitsplätze mit Zugriff auf Internet, E-Mail, digitale Datenbanken sind sehr gefragt. Stufe zwei: die Leseplätze für still für sich arbeitende Besucher, die höchstens noch mit ihrem Laptop kommunizieren. Stufe drei: die laptopfreie Zone. Hier sitzen die angehenden Philosophen, Theologen, die Studierenden des Klassischen Altertums; umgeben von den entsprechenden Büchern. Man meint fast, in der

Stille das Denken zu hören. Automatisch geht der Besucher fast auf Zehenspitzen, vermeidet jedes Geräusch und versucht, sich möglichst unsichtbar zu machen, wenn er auf dem Weg zum Handschriftenlesesaal das Blickfeld der lesenden Denker kreuzen muss, die auffallend oft sinnend in die Ferne schauen statt ins Buch. Im Handschriftenlesesaal ist es auch ganz still. Als Arbeitsgerät sind hier nur Bleistifte erlaubt, damit von vornherein niemand in Versuchung kommt, mit dem Kugelschreiber Schaden anzurichten.

Die 500 Leseplätze sind in der Regel jeden Tag bis auf den letzten Platz besetzt. Gern benutzt werden auch die Arbeitskabinen, die als winzige Studiereinheiten wie Bienenwaben mitten im Raum stehen. Mönchisch enge Studierstübchen ohne Ablenkung von außen. Ein Tisch, ein Stuhl, vier Holzwände. Nach oben sind die Kabinen offen. Da kommt frische Luft rein und manchmal erscheint über der etwa 1,60 Meter hohen Kabinenwand ein neugieriger Kopf.

Einige Studenten sind felsenfest überzeugt, dass sie ihre Abschlussarbeiten ohne diese konzentrationsfördernden Zellen nie geschafft hätten. „Zu Hause kann ich nicht richtig arbeiten." Neuerdings wird aber auch genau das Gegenteil gerne behauptet. „Ich kann nur zu Hause arbeiten." Möglich macht das die digitale Schutzgöttin der Stabi mit Namen Stella. Sie ist seit kurzem der gute Stern auf allen Wegen zu den Daten im digitalisierten Universum des Wissens.

Stella steht rund um die Uhr zur Verfügung. Die Stabi ist stolz auf Stella. Der in Hamburg erstmals perfekt eingerichtete elektronische Service konnte schon zweimal an andere wissenschaftliche Institutionen verkauft werden.

Die digitale Informationsassistentin der Stabi heißt Stella/Stern, ist also weiblich. Und auch die Web-Hilfen der Universität und der Hamburger Bücherhallen haben Frauennamen: Stine, beziehungsweise Ina.

Einen sehr ernsthaften Hintergrund hat der Zusatzname der Stabi. Zum Gedenken an den von den Nationalsozialisten verfolgten Hamburger Pazifisten und Publizisten Carl von Ossietzky wurde sein Name dieser ältesten wissenschaftlichen Bibliothek der Stadt hinzugefügt. Gegründet wurde die Stabi 1479 als Ratsbücherei, die „jedem ehrbaren Manne" offen stand. (Arme Leserinnen!) Mit der Gründung der Universität Hamburg 1919 avancierte sie zur Universitätsbibliothek. Im Zweiten Weltkrieg erlitt sie von allen deutschen Bibliotheken die schwersten Kriegsverluste. Das Gebäude am Speersort wurde zerstört. 1945 zog sie in das 1884 errichtete ehemalige Gebäude des Wilhelm-Gymnasiums auf der Ecke Grindelallee/Edmund-Siemers-Allee um. 1982 konnte der anliegende Neubaukomplex vollendet werden, der sich als schmuckloser Zweckbau von dem Gründerzeit-Altbau in anspruchsvollem Neo-Renaissance-Stil heftig unterscheidet.

Wer den glasüberdachten, großzügig mit Arkaden ausgestatteten Innenhof des ehemaligen Gebäudes des humanistischen Gymnasiums betritt, mag sich vorkommen wie in einem italienischen Palazzo. Gedacht war er als Pausenhof für die Schüler bei schlechtem Wetter und als sie bildendes Raumerlebnis. Jüngst wurde dieser Lichthof von der Stabi als Ort für vielerlei Veranstaltungen entdeckt. Die müssen allerdings nicht ganz still sein, sondern dürfen auch mal lauter werden.

Das Kupferstichkabinett

Im „Herzen der Hamburger Kunsthalle"

Großartiger kann Interesse nicht geweckt werden! Auf dem Faltblatt, mit dem die „Freunde des Hamburger Kupferstichkabinetts e. V." auf das „Herz der Kunsthalle" (Alfred Lichtwark) aufmerksam machen, sind abgebildet: „Liebespaar" von Albrecht Dürer, „Cherubskopf" von Raffael, „Der Schauspieler" von Rembrandt, „Selbstbildnis mit Fisch" von Max Beckmann. Vier herrliche Beispiele aus der unendlich reichen Sammlung des Kupferstichkabinetts, das nur von einem Bruchteil der Museumsbesucher je betreten wird.

Trotz der Glastür, die am Fuße des hellen Treppenhauses im Neubau einen Blick in das Allerheiligste der Kunsthalle gestattet, gibt es eine unsichtbare Schranke zwischen dem manchmal recht turbulenten Museumsbetrieb und der Stille im abgedunkelten Saal des Kupferstichkabinetts. An diesem Aufbewahrungsort von allem auf Papier oder Pergament Gezeichneten, Gedruckten, Gemalten (Handzeichnungen, Original- und Reproduktionsgrafik, Aquarelle, Gouachen, Fotos) herrscht eine geradezu heilige Arbeitsatmosphäre. Man beugt sich über die auf Wunsch herbeigeholten lichtempfindlichen Kunstwerke oder studiert Bücher aus dem 160.000 Bände umfassenden Fundus der Präsenz-Bibliothek – darunter auch kostbare illustrierte Bücher wie Sebastian Brandts „Narrenschiff" von 1494 mit den Holzschnitten von Albrecht Dürer. „Ein Archiv für die Geschichte der Kunst und zugleich ein Ort der Pflege, der Erkenntnis und Erforschung der grafischen Künste," wie die ehemalige Leiterin des Kupferstichkabinetts Hanna Hohl schrieb.

Die feierliche Aura dieses Raums für eine Kunst, die besonders geschützt werden muss, war von den Gestaltern des Hamburger Kupferstichkabinetts durchaus beabsichtigt. Obwohl der 1869 eingeweihte repräsentative Gründungsbau der Kunsthalle auf der Alsterhöhe, dessen erster wissenschaftlicher Leiter seit 1886 Alfred Lichtwark (1852–1914) war, sich schnell als zu klein erwies, konnte der Erweiterungsbau auf der Seite zum Hauptbahnhof hin infolge des Ersten Weltkriegs erst 1919 eröffnet werden. Das Kupferstichkabinett mit seinem schon damals sehr umfangreichen Bestand wurde erst 1922 eingeweiht. Gustav Pauli (1866–1938), Lichtwarks Nachfolger, hatte als Gestalter des Saals und der Archive Hamburgs berühmtesten Baudirektor Fritz Schumacher (1869–1947) an seiner Seite. Die von Schumacher angestrebte Würde des „weiten und schönen Reichs der Grafik" ist bis heute erhalten. Wandpfeiler schmücken die dunklen Holztüren, hinter denen die

Handzeichnungen und Druckgrafik in großen Kästen verwahrt werden.

Begründet wurde die Hamburger Kupferstichsammlung, die zu den herausragenden in Europa zählt, durch eine großzügige Schenkung. Georg Ernst Harzen (1790–1863) war Kunsthändler, Forscher, Sammler und Mitbegründer des Hamburger Kunstvereins mit Sitz am Neuen Wall. Sein leidenschaftliches Interesse galt den Zeichnungen Alter Meister, vor allem der niederländischen, italienischen und deutschen Schulen. Er erwarb Druckgrafik vor 1700, speziell deutsche Grafik vor der Zeit Albrecht Dürers und italienische Grafik des Quattrocento. Blätter aus diesen Epochen zählen zu den größten Kostbarkeiten seiner Sammlung, die, vereint mit der Sammlung seines Freundes und Kollegen Johann Matthias Commeter (1791–1869), nach seinem Tod der Kunsthalle vermacht wurde mit der Auflage, dass hierfür ein eigener Ort zu schaffen sei. Mit der Eröffnung des Gründungsbaus 1867 war diese Auflage erfüllt. Fast 30.000 Zeichnungen und druckgrafische Blätter aus dem Besitz der beiden Kunsthändler zogen in das neue Kupferstichkabinett ein.

Alfred Lichtwark hatte während seiner Amtszeit die Erweiterung der Kupferstichsammlung nie aus den Augen gelassen. Zu seinen „genialen Gelegenheitskäufen“ (Hanna Hohl) gehörte eine Kollektion von 122 spanischen Zeichnungen, darunter 14 von Goya. Er legte auch den Grundstein für den großen und sehr facettenreichen Bestand (unter anderem Scherenschnitte) von Philipp Otto Runges Arbeiten.

Ein frappierender Brückenschlag zwischen der Lichtwark-Zeit zu Beginn des 20. Jahrhunderts und der

Gegenwart des 21. Jahrhunderts ist die Tatsache, dass Lichtwarks Pionierleistung, erste Fotoausstellungen im Museum, heute ein Pendant findet in der bedeutenden Sammlung zeitgenössischer Fotografie der Galerie der Gegenwart (Architekt Oswald Mathias Ungers, fertiggestellt 1996), dem jüngsten Haus der Kunsthalle. Betreut wird diese junge Sammlung von den Experten des Kupferstichkabinetts.

Gustav Paulis Sammelschwerpunkt lag in der Moderne. Er trug Druckgrafik von Toulouse-Lautrec und Munch zusammen, daneben Werke von Barlach, Nolde, Kirchner und den anderen Künstlern der „Brücke". Als die Nationalsozialisten 1937 mit der Schandaktion „Entartete Kunst" die Moderne an den Pranger stellten, wurden in der Kunsthalle fast 500 Blätter beschlagnahmt. Dass das Kupferstichkabinett nur 22 Jahre nach Kriegsende, 1967, wieder ein mindestens ebenso großes Konvolut an Grafik der Moderne vorweisen konnte, ist einer klugen und gezielten Ankaufspolitik zu verdanken sowie immer wieder großzügigen Schenkungen, ohne die die Sammlung ohnehin sehr viel ärmer wäre.

Das Kupferstichkabinett als Ort der Stille ist sehr viel mehr in Bewegung und sichtbar, als es auf den ersten Blick scheinen mag. Da ist zum einen die Forschung. Dank der finanziellen Unterstützung durch die ZEIT-Stiftung Ebelin und Gerd Bucerius konnte die Bearbeitung und Veröffentlichung der Bestandskataloge für deutsche, niederländische und italienische Zeichnungen ermöglicht werden. Regelmäßig wechselnde Ausstellungen laden zur Betrachtung alter und zeitgenössischer Grafik ein. Mit dem Horst-Janssen-

Kabinett im Sockelgeschoss der Galerie der Gegenwart landete die Kunsthalle einen Coup. Die Werke von Hamburgs widerborstigem Zeichengenie wurden souverän wie ein Appendix in die zeitgenössische Kunst implantiert. Auch das Kabinett gegenüber der Janssen-Enklave, mit wechselnden Ausstellungen aus der Sammlung Hegewisch, wird von den Kunstwissenschaftlern des Kupferstichkabinetts betreut. Die großartigen Veranstaltungen in dieser Kammer werfen nebenbei auch ein Licht auf die Hamburger Sammlerszene, deren Mitglieder sich in der Regel nach alter hanseatischer Art, anders als in München, Frankfurt oder Düsseldorf, gerne im Verborgenen halten.

Die Tropfsteinmaschine

Ein Kunstwerk, das in 500 Jahren entsteht

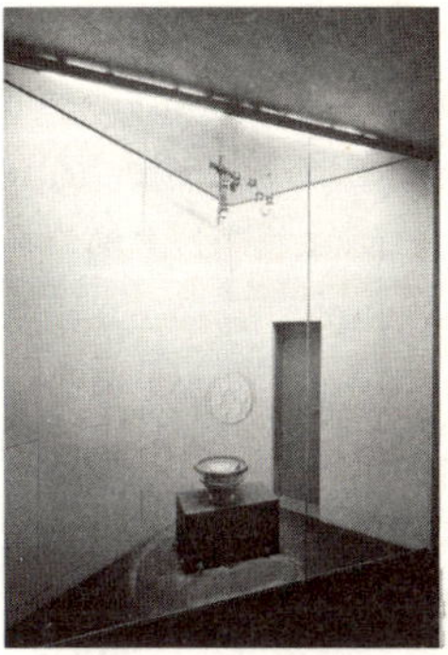

Periskop heißt das optische Instrument. Wie ein Relikt aus Stanley Kubricks Science-Fiction-Film „2001: Odyssee im Weltraum" ragt das Sehrohr aus dem großen Grünzeugbeet links in der Eingangshalle der Galerie der Gegenwart – jenem Teil des Kunsthallenensembles, der vom Stararchitekten Oswald Mathias Ungers gebaut wurde. Wer hineinschaut, tut den ersten Schritt zu einer absolut ungewöhnlichen Gedankenreise in die Zukunft. Das Periskop öffnet ihm den grünlich leicht verschwommenen Blick in den Maschinenraum der „Tropfsteinmaschine" eine Etage tiefer im Sockelgeschoss der Galerie.

Als die Galerie der Gegenwart, der Bau für zeitgenössische Kunst der Hamburger Kunsthalle, 1997 eröffnet wurde, hatte Bogomir Ecker schon jahrelang an seiner „Tropfsteinmaschine" experimentiert. Das langsame Wachsen eines Tropfsteins in einem Museum zur Anschauung zu bringen, sollte in einer möglichst naturnahen Simulation stattfinden. Bei der Implantierung in den Hamburger Museumsneubau, unter der Ägide des Künstlers, wurden Experten aus Naturwissenschaften und Technik zurate gezogen.

Wer im Sockelgeschoss, im Durchgang zu dem großen Ausstellungssaal, über die hohe Schwelle durch die schmale hohe Maueröffnung in den Maschinenraum der „Tropfsteinmaschine" eintritt, ist in der Stille des Raumes erst mal für die Gegenwart verloren. Eine dicke Glaswand trennt ihn von einer Apparatur an der Decke, an deren Ende sich im Zeitlupentempo ein Wassertropfen bildet und nach vielen Sekunden Wartezeit punktgenau auf eine Platte fällt, auf der eine grünliche Erhebung zu erkennen ist.

Der Beobachter hält den Atem an. Er wartet und hört sein Herz schlagen. Er sieht, wie der Tropfen sich bildet, sich löst. Er hört den leichten Aufprall auf der Platte. Mehr, als dass er ihn sieht. Er ist Zeuge der Entstehung eines Tropfsteins. Eines Stalaktiten unter der Decke und eines Stalagmiten auf dem Boden.

In 500 Jahren wird der Tropfstein fünf Zentimeter lang sein. So lang wie der kleine Finger eines Kindes. Zum Konzept von Bogomir Eckers „Tropfsteinmaschine" gehört ein juristisch ausgeklügeltes Vertragswerk, das der Arbeit eine Dauer von 500 Jahren garantiert. Wächter über die Erfüllung des Vertrages und die wie ein Ritual festgeschriebene Wartung des Werks ist der Verein „Tropfstein e. V.", deren Angehörige ihre Mitgliedschaft von Generation zu Generation weitergeben werden.

Zum Raum wird hier die Zeit. Natur wird Kunst und Kunst wird Natur. Die Gedankenlandschaft, die der einsame Betrachter in der künstlichen Höhle abschreitet, ist mit vielen Fußfallen für die Gegenwart ausgestattet.

Irgendwann bleibt der Blick des Menschen im Maschinenraum an einem Piktogramm hängen. Eine schematische Darstellung der Konstruktion der „Tropfsteinmaschine". Auf dem Dach der Galerie der Gegenwart wird Regenwasser aufgefangen, in einem Wasserreservoir im ersten Stock gesammelt und in die Plantage mit den Grünpflanzen im Eingangsbereich geleitet. Eine Lage Kalksteinsplit sorgt für eine Anreicherung des Wassers mit jenem Stoff, der den Tropfstein wachsen lässt. Geduld! Die „Tropfsteinmaschine" besteht gute zehn Jahre. Der Tropfstein ist gut fünf Millimeter hoch. Die Tropfsteine, die vor 5000 Jahren geboren wurden, sind heute 50 Zentimeter lang. Ungefähr die Länge eines Menschen, wenn er zur Welt kommt. Wehe, wer den Stalaktiten, den Stalagmiten bricht!!! Bogomir Eckers Kunstwerk zielt auf Ewigkeit.

Sensibilisiert durch den Aufenthalt in der stillen Kammer des Maschinenraums der „Tropfsteinmaschine" steht der Museumsbesucher nach wenigen Schritten vor einem „Ewigkeitswerk" in anderer Form. Der US-Amerikaner Richard Serra schuf für die Galerie der Gegenwart 1996 sein „Measurement of Time" mit der Anmerkung „Seeing is Believing". Fünf aus geschmolzenem Blei gegossene Riegel, fünf Tonnen schwer, liegen wie Ackerfurchen für die Ewigkeit auf dem Boden.

Brahms-Museum – Innenhof

Nachdenken über einen großen Sohn der Stadt

Winter ade! Die Autos bespritzen die Fußgänger am Holstenwall mit tauendem Schnee. Durch die kleine Peterstraße vis-à-vis den Großen Wallanlagen pfeift der Wind. Wer sich auskennt, kann durch ein schmales schmiedeeisernes Tor neben dem Brahms-Museum (Peterstraße 39) gehen, mit ein paar Schritten den Winter hinter sich lassen und in den Vorfrühling eintauchen. Zwischen den windgeschützten Innenhöfen der alten Backsteinhäuser blühen schon Schneeglöckchen, Krokusse, Zaubernuss und Mandelbäumchen. Eine Oase für alle vier Jahreszeiten.

Am Brunnenrand sitzen, die Turmspitze von St. Michaelis am Himmelsrand im Blick, oder auf einer Bank ausruhen und die Gedanken spazieren gehen lassen. Das kann hier durchaus melancholisch stimmen. Denn der Genius Loci in diesem Refugium heißt Johannes Brahms. Wenige Ecken weiter in der Speckstraße wurde der Komponist 1833 geboren, der in seiner Vaterstadt nicht die erhoffte Anstellung als Leiter der Philharmonischen Konzerte bekam und erst in Wien, seiner zweiten Heimat, glücklich und berühmt wurde.

Wenn einer erst mit 30 Jahren, wie Brahms, seine Geburtsstadt verlässt, ist er nie mehr ganz frei von Heimweh.

Zumal wenn ihm die Mutter so liebe Briefe schreibt, wie Johanna Brahms das tat: „Schreib uns ja, wenn Du kommst, wir wollen dir Chocolade besorgen und Theater-Billete aufbewahren, Eier besorgen zu Punsch ... und kämst Du bald, koche ich Johannisbeergrütze, Bickbeerpfannkuchen."

Dem Müßiggänger auf der Bank in dem stillen Innenhof mag bei dem Stichwort Heimweh ein Gedicht von Joseph von Eichendorff durch den Kopf gehen, wenngleich Brahms es noch während seiner Hamburger Zeit vertonte:

Aus der Heimat hinter den Blitzen rot
Da kommen die Wolken her.
Aber Vater und Mutter sind lange tot.
Es kennt mich dort keiner mehr.

Nah liegt auch ein anderes Brahms-Lied, dessen Text ein anderer Heimwehkranker schrieb: Heinrich Heine, der sich aus dem Pariser Exil oft und oft nach Hamburg zurücksehnte, wo er sich so schmerzlich verliebt hatte:

Mein Liebchen, wir saßen beisammen
Traulich im leichten Kahn.
Die Nacht war still, und wir schwammen
Auf weiter Wasserbahn.

Die Geisterinsel, die schöne,
Lag dämmrig im Mondenglanz;
Dort klangen liebe Töne
Und wogte der Nebeltanz.

Dort klang es lieb und lieber
Und wogt' es hin und her;
Wir aber schwammen vorüber
Trostlos auf weitem Meer.

Heiter werden die Gedanken beim Anblick einer kleinen Tasse mit Goldrand, die sich, neben dem Tafelsilber von Brahms, in einer Vitrine des Museums findet. Sie wurde dem kleinen Johannes zur Konfirmation in der Hauptkirche St. Michaelis geschenkt, wo er auch getauft worden war.

Das Museum ist klein. Heimlich stellt man sich vor, dass die Räume vielleicht dem engen Zuschnitt von Brahms' Geburtshaus entsprechen mögen. Das Museum ist Teil des ehemaligen Beylingstiftes aus dem 18. Jahrhundert, das mit Mitteln der Carl-Toepfer-Stiftung restauriert und 1971 eingeweiht wurde. Trotz der Enge kann sich der Besucher ein weitreichendes Bild über den Komponisten und sein Werk verschaffen. Wortwörtlich: Mehrere Bilder zeigen Brahms in den verschiedenen Stadien seines Lebens. Schriftstücke, Faksimiles, Noten sind zu studieren. Eine Präsenzbibliothek mit 300 Bänden steht bereit. Sämtliche Werke auf CD sowie die Notenbände der neuen Gesamtausgabe sind vorhanden.

Die Beschriftungen sind auf Deutsch, Englisch und Japanisch abgefasst. In diesem Museum kann es durchaus passieren, dass deutsche Besucher gegenüber den Ausländern in der Minderzahl sind.

Die Gäste aus fernen Ländern erfahren, was auch viele Hamburger nicht wissen: Johannes Brahms im fernen Wien wurde zu Lebzeiten, acht Jahre vor seinem Tod 1897, das Ehrenbürgerrecht der Freien und Hansestadt Hamburg verliehen. Es hat ihn gefreut. Zum Dank widmete er seine „Fest- und Gedenksprüche“ (opus 109) dem damaligen Bürgermeister der Hansestadt, Carl Petersen.

Wie groß Brahms’ Ansehen schon zu seinen Lebzeiten war, beweisen auch die „Brahms-Phantasien“, ein Zyklus von 41 Zeichnungen und Radierungen, die der Leipziger Künstler Max Klinger dem Komponisten nachträglich zum 60. Geburtstag zum Geschenk machte. Unübersehbar ist auch Klingers Marmorbüste von Brahms im Foyer der nahe gelegenen Laeiszhalle (Musikhalle), die der Bildhauer 1909 für die Musikhalle schuf.

Wer im Innenhof hinter dem Museum über den großen Sohn der Stadt nachsinnt, befindet sich im Zentrum eines eigenartigen historischen Quartiers. Das aus dem 18. Jahrhundert stammende Beylingstift konnte erhalten werden. Alle anderen Häuser der Wohnanlage Peterstraße/Neanderstraße/Hütten sind Nachbauten von Althamburger Bürgerhäusern mit nachgeahmten historischen Fassaden aus dem 18. und

19. Jahrhundert. Die Carl-Toepfer-Stiftung, die für dieses historisierende Ensemble im Sinne der Denkmal- und Traditionspflege das Geld gab, informiert auf dezenten Bronzetafeln über die früheren Standorte der Häuser. Zudem sind die Häuser jeweils Bürgern gewidmet, die sich um die Stadt verdient gemacht haben. Etwa Meister Bertram, dessen herrlicher um 1380 für St. Petri geschaffener Hauptaltar heute in der Kunsthalle zu bewundern ist. Oder Johannes Bugenhagen, der als humanistisch gebildeter Luther- und Melanchthon-Freund die Reformation in der Hansestadt beförderte. Oder Johann Rist, 1607 in Ottensen geboren, der zu den produktivsten deutschen Barockdichtern zählt.

Aber der Genius Loci ist und bleibt Johannes Brahms. Auch wenn sein Geburtshaus in der damals sehr ärmlichen Speckstraße, wo der kleine Johannes nur die ersten Monate seines Lebens verbrachte, im Krieg zerstört wurde. Ein Gedenkstein, der lange hier stand, wird nun seinen Platz finden am „BrahmsQuartier“; mit dieser Bezeichnung erweist ein gerade fertiggestellter Neubaukomplex Ecke Speckstraße/Caffamacherreihe dem Komponisten auf heutige Weise Reverenz.

Dachterrasse SIDE Hotel

Im Liegestuhl dem Himmel ganz nah

Wie nobel die Landung auf der Suche nach einem ruhigen Platz im Gedränge der City sein kann! Ein Platz zwischen Himmel und Erde. Über den Dächern der Stadt. Davon träumt der Wanderer auf dem teuren Pflaster zwischen Hamburgs schönstem Bahnhof am Dammtor und Hamburgs prominentester Einkaufsstraße, dem Jungfernstieg. Die gute Nachricht: Es gibt ihn. Hoch oben auf dem Dach des Design-Hotels SIDE.

Schräg gegenüber der Staatsoper führt der Weg in die Drehbahn. Früher drehten hier die Seilmacher auf ihren Reeperbahnen ihr Tauwerk. Die vornehmen Wohnhäuser aus der Gründerzeit wurden im Zweiten Weltkrieg weitgehend zerstört. Unauffällig, aber selbstbewusst behauptet sich in dieser eher unansehnlichen Straße der von dem Hamburger Architekten Jan Störmer entworfene achtgeschossige Glaskörper, der von einem massiven „Rückgrat“ aus Stein gehalten wird. Spektakuläre Dimensionen hat diese klare, moderne Architektur im Inneren des Gebäudes. Die Eingangshalle mit ihrer strengen Trapezform zeugt von der Liebe des Architekten zur Geometrie. Höchst ungewöhnlich ist die Höhe dieses Atriums mit seinen leicht gekippten Wänden. 30 Meter! Eine räumliche Großzügigkeit, die nur wenige Bauherren ihren Architekten gönnen.

Der auf den ersten Blick beeindruckend spartanisch gestaltete Innenhof entpuppt sich auf den zweiten Blick als Raum einer künstlerischen Inszenierung, die sich der amerikanische Regisseur Robert Wilson ausgedacht hat. Neonstäbe wechseln in typisch Wilsonscher Langsamkeit die Farbe. Ein Werk dieses Meisters der Slow Motion, das nur Wenige kennen. Obwohl Wilsons Inszenierungen am Thalia Theater („Black Rider“) und an der Staatsoper („Parsifal“) in Hamburg – und nicht nur hier – einmal Kultstatus genossen.

Wilson, heute zu Hause auf Long Island, durfte sich bei der Gestaltung des Design-Hotels mit seinem Freund Matteo Thun, Mailand, verbünden, der sich als Mitbegründer der Design-Bewegung „Memphis“ einen Namen machte.

Fahren wir mit dem Lift (jede Etage hat ihr eigenes Licht) in den achten Stock. Die Lounge ist still. Leben bringen in den extrem langgestreckten Raum die sogenannten Supersassis. Der in Bozen aufgewachsene Aristokrat Thun-Hohenstein, sonst eher berühmt für seine Liebe zu neobarocken Formen, hat sich hier Wilsons Liebe zur minimalistischen Form angeschlossen. Seine runden Sitzpolster in kräftigen Farbtönen sehen aus wie Liebesperlen für Riesen. Die Glaswand dieses „Kinderzimmers für Erwachsene“ wurde von Wilson gestaltet. Von hier ein Blick in die schwindelerregende Tiefe des Atriums.

Frische Luft auf der Dachterrasse. Und ein atemberaubender Panoramablick über die Dächer von Hamburg. Im Norden schwebt der fliegende Merkur, Schutzgott der Kaufleute, Diebe und Huren, auf dem Eckturm der im Neo-Renaissance-Stil errichteten ehemaligen Oberpostdirektion am Stephansplatz. Im Westen leuchtet der von den Düsseldorfer Architekten Hentrich und Petschnigg errichtete grüne Glaspalast (Unileverhaus), der zwischen 1958 und 1964 entstand.

Liegen laden zum Ausruhen ein. Während eine leichte Brise das Gesicht umfächelt, fallen die Augen zu und der begabte Träumer mag sich fühlen wie in Abrahams Schoß.

Schaugewächshäuser der Universität

Eine Reise um die Welt in 90 Minuten

In zehn Minuten durch fünf Klimazonen reisen. Das schafft auch nicht das schnellste Flugzeug. Der Besucher der Schaugewächshäuser am Dammtor könnte es schaffen. Sollte es aber auf keinen Fall. Draußen vor den Glashallen ziehen die Jogger schnell vorbei. Drinnen gilt die Erfindung der Langsamkeit, wenn das üppige Angebot, das dem Besucher hier in aller Ruhe kostenlos gemacht wird, auch nur einigermaßen ausgeschöpft werden soll. Es gibt für den Laien wenige Orte, wo lernen und genießen so eng verknüpft sind wie hier. Dem Fachmann stehen 2000 Pflanzen für seine Forschungen zur Verfügung.

Betreut werden die Schaugewächshäuser als wissenschaftlicher Ort seit ihrem Bestehen 1963 vom Institut für Allgemeine Botanik und Botanischer Garten der Universität. Jüngst wurden die Gewächshäuser, um sie zu erhalten, von der ZEIT-Stiftung erworben, deren Gründung, die Bucerius-Law-School, zum nicht zu übersehenden Nachbarn der gläsernen Hallen geworden ist. Die Universität ist nur noch Mieter.

Im Vorfeld der Umstrukturierung von Planten un Blomen und des Alten Botanischen Gartens für die Internationale Gartenausstellung 1963 hatte es heftigen Widerstand gegen die „große Wunde“, die man „Hamburgs grünem Herzen“ zufügen wollte, gegeben. Heute steht die ungewöhnliche Glaskonstruktion von Bernhard Hermkes, einem der führenden Hamburger Architekten der Nachkriegszeit, unter Denkmalschutz. Hermkes' Bauten haben über die Jahre nichts von ihrer Qualität verloren: die Großmarkthalle am Deichtor, das Auditorium Maximum der Universität, die Kennedybrücke, die Grindelhochhäuser und eben nicht zuletzt die Schaugewächshäuser.

Wer sich der zeltartigen Glaskonstruktion nähert – vom Gorch-Fock-Wall aus über die Johan-van-Valckenburgh-Brücke, vorbei an den Mittelmeerterrassen, 1963 ebenfalls neu angelegt –, der kann sich so gut wie nirgendwo sonst in Hamburg ein Bild machen von der historischen Wallanlage mit ihrem Wassergraben, die zu Beginn des 17. Jahrhunderts von dem Holländer Valckenburgh gebaut wurde.

Die imaginäre Reise rund um den Globus auf den Spuren der Welt der Pflanzen beginnt mit einem Kaffeestrauch. Besessen von einem starken Nachzüchtungstrieb muss der Pflanzenliebhaber lernen, dass für die Anzüchtung eines solchen Strauchs der Raum mindestens vier Wochen auf 25 Grad hochzuheizen ist. Eine kleine Enttäuschung später auch im Subtropenhaus. „Kaffee kommt hier aus Lichtmangel selten zur Blüte", heißt es lapidar. Doch bis dahin hat man schon viel gelernt über die Tricks der Pflanzen im Wettstreit um Wasser und vor allem Licht. „Traurige Tropen"? „Tropenhölle"? Zu so heftigen Assoziationen führt das Klima in der Glashalle nicht. Schließlich sorgen hier – anders als im Tropengürtel der Erde – Gärtner dafür, dass jede Pflanze zu ihrem Recht kommt. In aller Ruhe kann der Besucher den wundersam langsamen Bewegungen der Schildkröten zuschauen, die hohe Luftfeuchtigkeit tief einatmen, die Vielfalt der Pflanzen erkennen. Manchmal muss er sich warme Wassertropfen aus dem Gesicht wischen, die von der Glasdecke fallen, wo jenseits der unsichtbaren Klimatrennung vielleicht gerade eiskalter Hamburger Winter herrscht.

Tropenhaus, Cycadeenhaus, wo urtümliche Palmfarne ein Bild der Landschaft zur Zeit der Dinosaurier vermitteln, Subtropenhaus, Farngewächshaus, Haus der Trockengebiete.

Auf verschlungenen Wegen, die leicht ansteigen und abfallen, wandert der Besucher durch die verschiedenen Klimazonen. So wohlig feucht und warm es im Tropenhaus ist, so trocken und kalt erscheint die Luft im Haus der Trockengebiete. In der Wüste können die Temperaturunterschiede in 24 Stunden, zwischen Tag und Nacht, schon mal 40 Grad Celsius betragen. Erstaunlich, wie groß die Pflanzenvielfalt trotz dieses ungewöhnlichen Klimas ist. Ein „Regenmacher", mit dem früher in den Trockengebieten der Regen herbeigezaubert werden sollte, entpuppt sich als hohler Kakteenstamm, in dem trockene Bohnen Regengeräusche erzeugen. Bitte als Tourist in fernen Ländern nicht kaufen, mahnt ein Schild. Die Beliebtheit des „Regenmachers“ als Souvenir trägt zu einer unerwünschten Dezimierung der Kakteenstämme bei.

Am Ende des Rundgangs steht ein großes Versprechen: die Königin der Nacht. Die unscheinbare graue Pflanze (*Selenicereus grandiflorus*) produziert einmal im Jahr, irgendwann im Juni/Juli gegen 22 Uhr, für drei Stunden eine Blüte, die ihrem Namen alle Ehre macht. Und riechen tut sie dann auch wie Tausendundeine Nacht – nach Vanille.

Die Schaugewächshäuser sind Teil des alten Botanischen Gartens, der 1821 gegründet wurde auf einer Teilfläche der geschleiften ehemaligen Befestigungsanlagen Hamburgs. Botanische Gärten für die Forschung und Lehre einheimischer und ausländischer Gewächse hatte es anderswo, meist in den alten Universitätsstädten des Abendlandes, schon viel früher gegeben. Pisa 1543, Leipzig 1577, Heidelberg 1593.

Seit der Eröffnung des neuen Botanischen Gartens in Klein Flottbek 1979 ist der alte Botanische Garten Teil von Planten un Blomen. Nur noch die Gewächshäuser werden von der Universität betreut. Rund um die gläsernen Hallen erstreckt sich ein Gartenparadies, das als „Grünes Herz“ der Stadt – manche sagen auch „Grüne Lunge“ – wahrhaft paradiesisch ist. Die Mittelmeerterrassen liegen windgeschützt. Nach Nordosten schließt der Japanische Landschaftsgarten an, im Nordwesten der Japanische Garten mit Teehaus, der Rosengarten, der Apothekergarten und die staudenreichen Bürgergärten. Die Wallanlagen mit ihren Gärten, Wasserspielen, Kinderspielplätzen sind nicht nur für die Einheimischen ein Eldorado, sondern auch für die immer zahlreicher werdenden Touristen in der Stadt und für die Besucher der nahe gelegenen Messe.

Der neue Botanische Garten im Elbvorort Klein Flottbek ist da vergleichsweise noch ein Dornröschen. Er steht unter der Obhut des angrenzenden Instituts für Botanik der Universität. Zwar ist er angelegt nach den jüngsten wissenschaftlichen Erkenntnissen, kaschiert das aber mit einer wunderbaren Ästhetik, die jedem Besucher sein ganz eigenes grünes Refugium bietet. Auch hier Rosen-, Bauern- und Japanischer Garten, Alpinum. Darüber hinaus eine Fülle von Anpflanzungen zu bestimmten Themen: Nutzpflanzen, Giftpflanzen, Arzneipflanzen, Mittelmeerflora, Rhododendren/Nadelbäume. Und eine Frühlingswiese, die sich jeder Gärtner aus Liebe sogleich vor die eigene Haustür wünscht.

3001 – Schanzenviertel

Deutschlands bestes Dokumentarfilmkino

Hinterhöfe sind in der Großstadt oft gute Refugien für die Off-Kultur. „In Deutschland gibt es 300.000 Bankfilialen, 30.000 Tankstellen und 3000 Kinos." Das behaupteten zumindest die Gründerväter, als sie 1991 das 3001. Kino der Republik im Hinterhof an der Schanzenstraße 75 eröffneten. Das Schanzenviertel begann soeben, sich als Kiez für junge Leute einen Namen zu machen. Heute wäre das Viertel ohne seinen Hinterhof-Filmpalast ärmer. Hamburg fehlte ein Ort für die Filme, die fürs Abaton zu klein und fürs Metropolis zu neu sind. Das Nischenkino 3001 hat sich etabliert und wurde mehrmals ausgezeichnet als bestes deutsches Kino für Dokumentarfilme.

Seinen rauen Hinterhofcharme hat das Kino durchaus nicht abgelegt. Wo heute regelmäßig das Licht ausgeht und sich der Vorhang für Filme aus aller Welt öffnet, war früher der Pferdestall von Montblanc, einer Firma für edle Schreibgeräte, die Anfang des 20. Jahrhunderts von drei Hamburger Kaufleuten gegründet worden war. Der sechsgeschossige Eisenbetonbau mit seiner roten Backsteinverkleidung trägt immer noch den Namen von Europas höchstem Berg. Hamburgs Cineastengemeinde hofft, dass *ihr* Kino im Montblanc-Gebäude mit seinem Namen 3001 für eine bis ins nächste Jahrtausend reichende Zukunft des Mediums Film bürgt.

„Wir mögen alles Schräge, Fiese, Gewagte, Kontroverse, Verfluchte", sagt Rainer Krisp, einer der Betreiber des 3001. Er machte seine ersten Erfahrungen in einem Hinterzimmer-Kino in der Oelkersallee. Die Streifen für das 3001 findet er eher auf kleinen Filmfestivals als in Cannes oder Venedig. Rotterdam ist für ihn so ein Ort, wo das Independent-Kino seine besten Filme zeigt.

Kurdische Filmtage zum Beispiel, gegen die ein Protestschreiben des türkischen Konsuls beim 3001 eingeht, die mitveranstaltet werden vom „Verein Freier Frauen aus Mesopotamien e. V.". Das ist guter Stoff für dieses Kino, das Filme am liebsten in Originalfassung mit deutschen Untertiteln zeigt.

In der vierten der regelmäßig organisierten Dokumentarfilmwochen konnte man lernen, dass der Dokumentarfilm mehrfach erfunden wurde und eine dieser Erfindungen in Hamburg stattfand. Als der Engländer Birt Acres 1895 an die Elbe kam, um mit seiner selbst gebauten Filmkamera Kaiser Wilhelm II. bei der Einweihung des Nord-Ostsee-Kanals und bei der Abnahme einer Truppenparade in der Hansestadt zu filmen, wurde daraus der erste montierte Dokumentarfilm der Welt.

Schwerpunkte im Programm des 3001 sind immer wieder auch alte Filme. Man möchte die Filmgeschichte wachhalten. Zum Besucherstamm im Hinterhof an der Schanzenstraße gehören auch die Aficionados des lateinamerikanischen Kinos, das im Programm des 3001 einen festen Platz hat. Filme aus und über die Dritte Welt sind hier zu Hause. Filme, die etwas wagen. Klar, dass man im Besucherbuch auch Lieblingsstreifen eintragen kann, die man gerne im 3001 auf der großen Leinwand sehen möchte.

Das Credo der Macher dieses Kinos gegen den Mainstream ist auf der Internetseite des 3001 nachzulesen: „Wir leben von unseren Träumen und machen weiter im Glauben daran, dass das Kino zu schön ist, um es wie ein gewöhnliches Geschäft zu betreiben und dem freien Spiel des Marktes zu überlassen."

Ein Bekenntnis, das für nicht wenige unter den Modemachern, Designern, Bastlern, Lebenskünstlern in den Seitengassen und Hinterhöfen „der Schanze" gilt. Wie international das Viertel ist, lässt sich an den kleinen Restaurants und Kneipen ablesen, die wie bunte Perlen an der Straße Schulterblatt liegen. Die Küchen von Balutschistan, Pakistan, China, Japan, Portugal, Italien, Spanien, der Türkei, Griechenland sind hier zu Hause.

Der Name dieser Straße, die zur trubeligen Flaniermeile des Viertels geworden ist, hat einen bizarren Hintergrund. Er stammt aus dem 18. Jahrhundert. Damals schmückte ein Wirt sein Gasthaus mit dem bemalten Schulterblatt eines Wals, das ihm Walfänger mitgebracht hatten. Wie diese Seemannskneipe war auch Ende des 19. Jahrhunderts die „Flora“ eine nördliche Bastion des Vergnügungsviertels St. Pauli. In der „Roten Flora“ wird heute heiße Musik gemacht.

Die Hauswände im Schanzenviertel sind die beste Wandzeitung für die Ereignisse in der Off-Kulturszene der Stadt. Das Viertel ist jung. Auf zwei Kinderspielplätzen können sich die Kids austoben. Ein englischer Künstler, der eine Arbeit über Londoner Abenteuerspielplätze geschrieben hat, meint anerkennend: „So was wie hier, das wäre in London längst verboten!“

Wenn es dunkel wird, verwandelt sich das Schanzenviertel manchmal in eine Art orientalischen Basar. Überall blinken Lämpchen. Im Baqu in der Susannenstraße kann man neben Verlängerungsschnüren auch die in Gold gerahmten beweglichen Niagarafälle „für übers Sofa“ kaufen.

In der Rosenhofstraße hinterm Schulterblatt ist es fast still. Der Hamburger Schriftsteller Willi Bredel, der 1962 Präsident der Ostberliner Akademie der Künste wurde, setzte dem Viertel zwischen Schanzenstraße und Schulterblatt mit seinem Roman „Die Rosenhofstraße“ 1931 ein Denkmal.

Damals war das Schanzenviertel schon zum Kleine-Leute-Viertel geworden. In der zweiten Hälfte des 19. Jahrhunderts hatte man das Hamburg nächstgelegene Eimsbütteler Stadterweiterungsgebiet so nobel bebaut wie Rotherbaum und Harvestehude. Ab 1880 wurden in einer Filiale der New Yorker Firma Steinway & Sons Klaviere und Flügel an der Schanzenstraße gebaut. Die noble Vergangenheit hat hier und da noch ihre Spuren hinterlassen. Aber die allgemeine Entwicklung, auch mit dem benachbarten Schlachthofgelände, nahm einen anderen Verlauf. Die, die hier wohnen, arbeiten, einkaufen und ausgehen, sind froh darüber, denn sie lieben es bunt und gemischt. Den Kampf gegen die Umnutzung des stattlichen Wasserturms von 1910 im Sternschanzenpark haben sie verloren. Der Reisende, der von den Auseinandersetzungen nichts weiß, ist glücklich, in einem der schönsten historischen Hotels der Stadt gelandet zu sein. Der Wasserturm, der „die Schanze" weithin sichtbar krönt, liegt auf dem höchsten Punkt des Geesthangs. Dort, wo eine Bastion seit Ende des 17. Jahrhunderts einen Laufgraben beendete, der die Schanze mit dem Hamburger Wallring verband.

Terrassen/Passagen

Hier wohnten früher die „kleinen Leute"

Hamburg 13. Manche Anwohner von Rotherbaum und Harvestehude trauern noch heute dem Verlust der alten Bezeichnung ihres Postbezirks nach. Da wusste man doch gleich, wo man war. Nämlich an einer der besten Adressen der Stadt. Im Bezirk der feinen Villenstraßen in Alsternähe, wo die Rothenbaumchaussee als Hauptschlagader hinter vornehmen Fassaden mit hochkarätigen Anliegern glänzt. Nobelhotels, Universitätsinstitutionen, Museum für Völkerkunde, Norddeutscher Rundfunk. Dazwischen Kanzleien, Läden, Restaurants, Privatvillen.

Doch versteckt in diesem prestigeträchtigen Stadtmilieu sind stille Winkel zu entdecken, die Prototypen für deutlich schlichtere Wohnformen sind. Entstanden sind die für Hamburg typischen sogenannten Terrassen, Passagen und Höfe im Verlauf der großen Stadterweiterung in der zweiten Hälfte des 19. Jahrhunderts, als die Industrialisierung die Städte reich machte. Damals wurden die hinter den pompösen Gründerzeitfassaden verborgenen kleinen Gassen und Höfe, die nicht nur in Rotherbaum für Eingeweihte ein feines Wegenetz knüpfen, für „die kleinen Leute" errichtet. Heute kann das Wohnen in den Terrassen durchaus als Privileg gelten. Denn Autoverkehr ist hier ausgeschlossen.

„Privatstraße" steht in altertümlicher Frakturschrift auf einem Schild am Eingang der kleinen Gasse, die die Schlüterstraße (Nummer 82) im rechten Winkel mit der Rothenbaumchaussee (Nummer 101) verbindet. Die Passage mit ihren schlichten Klinkerfassaden steht deutlich im Schatten der mächtigen Vorderhäuser. Die Häuserzeilen haben zwar drei Etagen. Aber die Wohnungen sind nicht von dem Zuschnitt, dass sie nach Kronleuchtern verlangten – wie an der Rothenbaumchaussee. Dafür: kein Autolärm, keine Abgase. Und vor jedem Eingang ein kleiner Vorgarten. Im Mai verwandelt sich die Passage in eine Fliederallee.

Verwaschene Schriften an den Fassaden weisen auf die ehemaligen Bewohner der Passage hin. Ein „Schneidermeister" ist noch zu entziffern. Ein „Masseur". Ein „Tapezierer und Dekorateur". Gehobenes Handwerk war hier zu Hause. Nicht umsonst galten die Terrassen und Passagen, die nach der Aufhebung der Torsperre 1861 jenseits des Dammtors am Rothenbaum entstanden, als vergleichsweise nobel. Nicht zu vergleichen mit den Gängevierteln im alten Hamburg, wo Armut und hygienisch katastrophale Zustände an der Tagesordnung gewesen waren. Vorbild für den „sozialen

Wohnungsbau“ Ende des 19. Jahrhunderts am Rothenbaum waren eher Wohnformen, die man aus England kannte.

Wie an der Rothenbaumchaussee hat der Stadtflaneur in Hamburg an vielen Ecken die Chance, aus dem Großstadtlärm wegzutauchen in die Ruhe der Terrassen, Passagen und Wohnhöfe. Man kann dabei ein sehr eigenes großstädtisches Milieu erleben, das zwischen Zille-Idylle, Traum vom alternativen Leben, Eigenbrötelei und gefundenem Wohnglück in unterschiedlichster Form erzählt. Das soziale Gefälle zwischen Vorderhaus und Hinterhaus, ein feststehendes Merkmal während der Entstehungszeit, hat sich manchmal ins Gegenteil verkehrt. Hinten ist es nobler als vorne, weil man sich die Ruhe inzwischen etwas kosten lässt. Aber zur Regel ist die Umkehrung nicht geworden, was ein Blick in manche verkommenen Terrassen lehrt. Zum Beispiel an der Simon-von-Utrecht-Straße auf St. Pauli, einem Stadtviertel, in dem die Wohnform der Terrassen besonders häufig anzutreffen ist.

Im Schatten der Reeperbahn findet sich auch die weit über die Grenzen Hamburgs hinaus bekannteste Hinterhausbebauung: die Herbertstraße. Sie zweigt von der Davidstraße ab. Eisentore mit Sichtblenden an beiden Seiten verhindern den Einblick in diese Terrasse, die um 1900 zu einer geschlossenen Bordellgasse umfunktioniert wurde. In der rund 100 Meter langen und knapp sieben Meter breiten Straße warten 200 Prostituierte auf Kundschaft. Betreten für Frauen ansonsten nicht zu empfehlen.

Die Herbertstraße ist entschieden das extremste Ziel auf den Wegen zu Hamburgs Hinterhäusern – zu den Terrassen, Passagen, Wohnhöfen, wie Jörg Haspel, Autor eines Buchs über diese hamburgtypische Wohnform, die Anlagen gegliedert hat. St. Georg, Schanzenviertel, Karolinenviertel, Ottensen, St. Pauli sind Quartiere, die ohne ihre Passagen/Terrassen/Höfe sehr viel reizloser wären.

Am Rande des Schanzenviertels, Weidenallee 10, führt der Weg zwischen zwei repräsentativen Etagenhäusern im Jugendstil in eine der jüngsten und eindrucksvollsten Hofbebauungen. Kopfsteinpflaster und Terrassen mit kleinen Vorgärten machen den Auftakt der halbmondförmigen Anlage. Gekrönt wird die Gasse von einem Fabrikgebäude aus Stahlbeton, das 1909/10 errichtet wurde und heute unter Denkmalschutz steht. 25 Jahre diente das Fabrikgebäude dem „Künstlerhaus" als ideales Domizil. Mit hervorragenden, zweckdienlichen Ateliers und einem trapezförmigen Ausstellungsraum im Erdgeschoss, dessen Ausstellungen in Hamburg Kunstgeschichte gemacht haben. Dass die Stadt das Künstlerhaus an Privat verkaufte, zählt zu den vielen Fehlern, die mit der Privatisierung von Wohnraum die Stadt veränderten und noch verändern.

Innocentiapark

Im Herzen des ehemaligen Klosterlandes

Einmal rund um den Park laufen. Jogger brauchen fünf Minuten, Walker zehn Minuten und Spaziergänger eine Viertelstunde. *Im* Park trauen sich auch die Anhänger fernöstlicher Übungen wie Tai-Chi und Qigong, das körperlich-seelische Gleichgewicht im öffentlichen grünen Raum zu trainieren. Am liebsten frühmorgens oder zur blauen Stunde, entre chien et loup (zwischen Hund und Wolf), wie die Franzosen die geheimnisvolle Stunde vor Einbruch der Dunkelheit nennen.

Die Großstädter haben ihre Grünanlagen, wie hier den Innocentiapark, längst sportlich in Besitz genommen. Der Park in Harvestehude gehört zwar zu den kleinsten Grüns der Metropole an Alster und Elbe (drei Hektar). Sein großbürgerliches Flair aber hat kaum seinesgleichen. Die Anlage mit der leicht hügeligen weiten Rasenfläche, mit Liegewiese, Spielplatz und Rodelwiese ist rund. Wobei die Rodelwiese zugegebenermaßen nur bescheidenen Ansprüchen ans Schlittenfahren genügt. Das grüne Rund wird beschirmt von einem Kranz von Bäumen und Büschen, die hier und da den Blick freigeben auf die umliegenden Häuser. Und eben diese Stadthäuser sowie das ganze weitere Quartier Harvestehude und seine Geschichte haben es in sich. Heute sieht das alles „very british" aus, ein stiller städtischer Wohnsquare nach gutem Londoner Vorbild. Das im Karree angelegte Viertel besitzt eine urbane Noblesse, wie sie in ihrer Homogenität selbst für das reiche Hamburg ungewöhnlich ist. Der Aufbruch in diese großbürgerliche Wohnbebauung vor den Toren der Stadt begann spät. Die Stadterweiterungspläne nahmen ab 1866 Form an, als das Klosterland Harvestehude von einem Konsortium aufgekauft und parzelliert wurde.

Klöster sind Orte der Stille per se. Mit einem Kloster fing die Geschichte von Harvestehude an. Das Kloster Herwardeshude/Harvestehude wurde 1247 am Pepermölenbek im heutigen Altona gegründet. Sein Plazet dazu gab damals Papst Innozenz IV., der unerbittliche Gegenspieler des deutschen Kaisers Friedrich II. Ende des 19. Jahrhunderts machte man ihn zum Namensgeber des Parks und der anliegenden Innocentiastraße.

Rund 50 Jahre nach der Gründung suchte der Orden einen stilleren, hafenferneren Ort. Das Kloster wurde an die Nordspitze der Außenalster verlegt. Den Namen Herwardeshude nahmen die Nonnen mit an den neuen, der Kontemplation besser dienenden Platz. Ein Ort in stiller Ländlichkeit, der aber auch stadtnah genug war, um die Produkte zu vermarkten, die auf den Ländereien des Klosters erzeugt wurden. Bei den Zisterzienserinnen fanden die unverheirateten Töchter der Hamburger Gesellschaft Unterschlupf. Sie brachten häufig ein ansehnliches Erbe mit. Auch durch Schenkungen wurde das Kloster bis zur Reformation zum größten Grundbesitzer im norddeutschen Raum. Zu seinem Wohlstand trugen bei: Mühlenbetriebe, Fischfang in der Alster, Viehzucht auf den ausgedehnten Ländereien, Imkerei, Abgaben der Bauern, Kreditgeschäfte.

Als sich die Nonnen nach der Reformation dem neuen Glauben nicht beugen wollten, beschloss der Rat der Stadt 1530, das Kloster aufzulösen und das Gebäude abzureißen. Dass 1926, einen Katzensprung vom Innocentiapark entfernt, in der Oberstraße die katholische St.-Elisabeth-Kirche errichtet wurde, ist da nur ein schwacher Trost.

Das Zentrum des weitläufigen ehemaligen Klosterlandes wird heute durch den Innocentiapark markiert. Einen ersten Entwurf schuf 1884 Franz Andreas Meyer, der sich unter anderem mit dem Bau der Hamburger Speicherstadt einen Namen machte als einer der wichtigsten Stadtplaner der zweiten Hälfte des 19. Jahrhunderts.

Die Stadthäuser rings um den Park erscheinen trotz ihres Vielerleis an Bauelementen wie aus einem Guss. Gepflegte Vorgärten, schmiedeeiserner Zierrat, über dem Souterrain die Beletage, Bogenfenster, Erker, kleine Balkone, Ziergiebel verschiedenster Art. Wer sich hier in der Gründerzeit ein Domizil leisten konnte, war nicht ganz arm. Und auch heute zählen die anliegenden Straßen Parkallee, Oberstraße, Brahmsallee und die Innocentiastraße zu den besseren und teureren Wohnadressen der Stadt.

Begrenzt ist Harvestehude mit seinem heimlichen Mittelpunkt, dem Innocentiapark, im Osten durch die Alster mit dem Harvestehuder Weg, im Süden durch die Hallerstraße, im Norden durch die Isestraße. Alles beste Adressen! Nur im Westen wird die großbürgerliche Homogenität heftig aufgebrochen. Schließlich hat alles seine Grenzen. Und an der Grindelallee und am Grindelberg eben auch die Noblesse des schöner Wohnens auf dem Gelände des ehemaligen Klosters Herwardeshude.

Wie eine Steilwand erheben sich, vom Innocentiapark aus gesehen, im Westen die Grindelhochhäuser in den Himmel. Heute unter Denkmalschutz stehender sozialer Wohnungsbau aus der Nachkriegszeit. Im Zweiten Weltkrieg war der westliche Teil des Klosterlandes durch Luftangriffe schwer zerstört worden. Mit den zwölf Hochhausscheiben am Grindelberg, acht- bis 14-geschossig, wurde in den 1950er-Jahren dringend benötigter Wohnraum geschaffen. Mit ihrer klaren Nord-Süd-Ausrichtung und ihrem dezidiert der Moderne, der Bauhaustradition verpflichteten Stil gehören die Grindelhochhäuser heute zu Hamburgs Vorzeigearchitektur aus der Nachkriegszeit.

Im Zentrum der Hochhausanlage befindet sich das „Rathaus" des Nordwestens, das Bezirksamt Eimsbüttel. Sein Standesamt ist hochbeliebt bei Brautpaaren. Der weitläufige Innenhof bietet reichlich Platz zum Anstoßen auf das junge Paar. Die Rasenfläche des Karrees ist Teil eines Grünzugs, der unauffällig hinüberführt zum kleinen, grünen Herzen Harvestehudes. Zum Innocentiapark. Klein ist er. Ja. Aber oho!

Refugien im Stadtpark

Inseln für Leser, Träumer und Liebende

Eine Frau schreibt Tagebuch. Ein junger Mann im Schneidersitz übt „das Anschirren der Seele an Gott“, wie die Übersetzung des Wortes Yoga aus dem Sanskrit lautet. Zwei Sonnenanbeter blinzeln in die frühe Morgensonne. Ungestört entledigt sich einer seiner Klamotten und springt nackt ins Wasser. Auf dem von einer hohen Backsteinmauer von der großen Liegewiese abgeschirmten Holzsteg des Anlegers am Stadtparksee ist es ganz ruhig. Zehn Uhr morgens. Die Jogger, die Walker, die Spaziergänger bevölkern längst Hamburgs größte Parkanlage. Die stille Nische am Wasser unterhalb der Mauer bleibt von ihnen unberührt. Viele Besucher des Stadtparks wissen gar nichts von diesem verborgenen Platz, der für die Menschen auf dem Steg Stammplatz und Lieblingsort im riesigen städtischen Grün ist.

Heimliche Winkel für Einsamkeit Suchende. Es gibt sie in Hamburgs berühmtem „Freiluft-Volkshaus" (Fritz Schumacher). Und viel mehr, als man denkt. Während die einen an heißen Sommertagen gerne dicht an dicht auf der Liegewiese ihre Decken ausbreiten, sich von Nachbars Grill oder den Ballspielen der Kinder keineswegs gestört fühlen, schlagen sich andere lieber in die Büsche, um ungestört die frische Luft zu genießen, um zu lesen, zu träumen, zu plaudern.

Von den Hauptwegen zweigen immer wieder kleine Nebenwege ab. Am Rande der großen Parkachse bilden Hecken und Ziergärten zahlreiche kleine Gartenräume, die als solitäre Refugien gegen die Hundertscharen der Besucher abschirmen. Der schönste stille Winkel im Stadtpark ist eine Insel. Zu betreten über eine kleine Brücke. Zu genießen auf einer von Figuren geschmückten Treppenanlage zum Wasser. In aller Ruhe kann man den Schwimmern und Bötchenfahrern sämtlichen Kalibers zuschauen. Oder unter einem Baum im Schatten liegen. Schläfer lässt man schlafen, Liebespaare lieben.

Fritz Schumacher (1869–1947), der als Baudirektor Hamburgs Stadtbild prägte wie kein anderer, war zu Beginn des 20. Jahrhunderts auch der Motor bei der Gründung des Stadtparks. Es sollte eine grüne Erholungsanlage für die vielen Hundert Menschen werden, für die damals nördlich der City neue Wohnsiedlungen entstanden. Schumacher setzte sich mit seiner Vorstellung von grünen Räumen architektonisch geordneter Natur durch. Das war in Hamburg neu. Denn – wie vor allem die Parkanlagen der Elbvororte zeigen – schwärmte man in Hamburg im 19. Jahrhundert für englische Landschaftsgärten. Dass die Wiege der hanseatischen Gartenkultur vor den Toren der Stadt früher ganz anders ausgesehen hatte – Eichenwälder, Viehweiden und Getreidefelder, Apfel-, Apotheker- und Klostergärten, Barockgärten, die die Festsäle großbürgerlicher Häuser ins Grüne erweiterten –, das alles war längst vergessen. Aber nicht der englische Stil.

Schumacher entwarf dagegen eine sehr funktionale Ordnung der grünen Fläche. Er gliederte sie durch Alleen und Hecken in einzelne Bereiche. Wie wir heute sehen, taugt sein Volkspark mit seiner Zweckdienlichkeit für massenhaft Erholungssuchende sowie mit dem Angebot für Liebhaber grüner Abgeschiedenheit gleichermaßen. Schumacher hatte früh den Mangel an öffentlichem Grün in Hamburg beklagt. Interessant ist, dass er vor allem mit dem Stadtpark, dem „Freiluft-Volkshaus", das ihm sehr am Herzen lag, noch vor dem Ersten Weltkrieg für Abhilfe sorgte, noch bevor er mit der dem Park benachbarten Jarrestadt Ende der 1920er-Jahre ein deutliches Zeichen für sozialen Wohnungsbau setzte.

Der Stadtpark ist mit 150 Hektar Hamburgs größte „grüne Lunge". Dreimal größer als die Wallanlagen mit Planten un Blomen. Allein die Festwiese, auf der die Menschen an heißen Tagen Handtuch an Handtuch liegen, umfasst zwölf Hektar. Majestätisch, pathetisch, einfach unübersehbar erhebt sich am Nordwestrand der Liege- oder Festwiese an der höchsten Stelle des Geländes das heutige Planetarium.

Entworfen wurde dieser ehemalige Wasserturm von dem Dresdner Architekten Oscar Menzel, der sich ganz offensichtlich von Fritz Schumachers Backsteinstil inspirieren ließ. Der 38 Meter hohe Monumentalbau mit der runden Kuppel wurde 1930 umgewidmet zum heutigen Planetarium. Als kurz nach der Jahrtausendwende die Idee aufkam, das Planetarium in die neue HafenCity umzusiedeln, gab es einen Proteststurm in der Bevölkerung und der Plan wurde ad acta gelegt.

In der 13 Meter hohen Kuppel werden mit künstlichen Himmelskörpern die Sternbewegungen vorgeführt. Seit seiner Gründung war das Planetarium als Ort der Allgemeinbildung gedacht. Zeitweilig beherbergte es die Sammlung zur Geschichte von Sternkunde und Sternglauben des Hamburger Bankierssohns und Kulturwissenschaftlers Aby Warburg. Von der Aussichtsplattform des Gebäudes haben die Besucher einen weiten Blick über den Stadtpark und seine Umgebung. Unter dem Motto „Der Himmel auf Erden“ wird jeden Monat ein umfangreiches Programm für große und kleine Leute inszeniert.

Schumacher und der 1912 gegründete Stadtparkverein sorgten dafür, dass auch Kunstliebhaber auf ihre Kosten kommen. Mehrere Plastiken sind in den Grünanlagen zu entdecken. Manchmal an der Oberfläche apart bearbeitet vom Zahn der Zeit. Gleich am westlichen Anfang der Festwiese stehen überlebensgroße weibliche Muschelkalkfiguren von Georg Kolbe.

Der Stadtpark wird jede Woche von mehr als 100.000 Menschen besucht. Viele bringen ihr Picknick mit. Aber natürlich gibt es auch genügend Plätze, wo Hunger und Durst gestillt werden können. Die Biergärten Landhaus Walter und Schumacher's. Café Sonnenterrassen, Lesecafé am Rosengarten. Ganz allein ist man da nie. Aber es gibt stille Ecken.

Ganz allein ist man dagegen manchmal auf dem berühmten Rhododendronpfad. Selbst im Mai/Juni, wenn die Rhododendren und Azaleen in verschwenderischer Pracht in Rot, Rosa, Lila, Gelb und Weiß blühen. Liebhaber dieser immergrünen oder laubabwerfenden Sträucher reisen dann von weither an.

Kaum vorstellbar, dass der Stadtpark im Zweiten Weltkrieg zum Gemüseanbau und zur Brennholzgewinnung genutzt wurde.

Noch ein Tipp für diejenigen, die nach so viel gestalteter, meist in der Sonne liegender Natur, wie sie im Stadtpark geboten wird, von Sehnsucht nach der „freien Natur“ gepackt werden. Westlich des Stadtparks fließt die Alster. Wiederum im Westen begrenzt von der Alsterkrugchaussee. Dahinter erstreckt sich das dunkle, manchmal sogar ein bisschen geheimnisvoll düstere Eppendorfer Moor. Seit 1982 steht das Moor mit seiner ganz eigenen Vegetation unter Naturschutz.

Alsteroasen

Auf dem Fluss und an seinen Ufern

Mutig, die beiden Damen! Ohne nach rechts oder links zu schauen, gleiten sie vom Steg in das leicht moddrige Wasser der Außenalster und schwimmen in die aufgehende Sonne. Der inoffizielle Badeplatz südlich der Krugkoppelbrücke ist eine der heimlichen Oasen an Hamburgs viel geliebtem Fluss. Ohne die Alster wäre die Stadt ärmer. Hamburg wäre einfach gar nicht Hamburg.

Nördlich der Krugkoppelbrücke – abseits vom allgemeinen Korso der Spaziergänger, Jogger, Walker, Biker und Hunde – im Eichenpark, wird mit einem Denkmal an den Poeten erinnert, der die Alster ganz unvergleichlich spielerisch und graziös besang. Friedrich von Hagedorn (1708–1754) schwärmte im barocken Stil seiner Zeit:

„Befördrer vieler Lustbarkeiten,/Du angenehmer Alster-Fluß!/Du mehrest Hamburgs Seltenheiten/Und ihren fröhlichen Genuß. ... Der Elbe Schiff-Fahrt macht uns reicher;/Die Alster lehrt gesellig sein!/Durch jene füllen sich die Speicher;/Auf dieser schmeckt der fremde Wein.“

Das klingt, als ob sich in fast 300 Jahren nichts geändert hätte! Nur die Form der Lustbarkeiten, die Art des Genusses, der Stil der Geselligkeit. Zum Beispiel Schwimmen und Baden in der Alster. Die erste deutsche Flussbadeanstalt wurde 1793 als Badeschiff auf der Binnenalster eröffnet. Ein Floß mit zwölf Badekammern. Nur für Männer. 17 Jahre später durften dann auch Frauen in der Alster baden. Alte Hamburger erinnern sich noch an die „Alsterlust“, Ausflugslokal und Badeanstalt, die bis 1940 am Ostufer der Außenalster existierte.

Heute finden die Menschen weniger *in* der Alster als *auf* der Alster ihre Lust. Die Fortbewegungsmittel auf dem Wasser sind vielfältig. Segelboote, Ruderboote, Kanus, Tretboote, auch in Form von Enten und Schwänen. Und jedes für sich ist eine kleine, vielleicht sogar einsame Insel auf dem großen Wasser der Außenalster. Oder eine trockene schwimmende Oase auf den Kanälen und Fleeten, auf den Seiten- und Hauptarmen des Flusses. Feenteich und Rondeelteich sind traumhaft schöne, mit weißen Villen besetzte Idyllen am Ostufer der Außenalster. Dazwischen ist vom Wasser aus das Clubhaus des Norddeutschen Regatta-Vereins zu sehen und dahinter das Doppelminarett der in den 1960er-Jahren erbauten iranisch-schiitischen Moschee. Ein Stück Orient.

Wer von der Außenalster in die kleinen Nebenarme eintaucht, wird zum stillen Beobachter einer sehr hanseatisch noblen Villen- und Gartenlust. Unter überhängenden Zweigen wie durch einen grünen Tunnel gleiten. Im Dschungel der mal weiter, mal schmaleren Wasserwege sich zurechtfinden. Das ist ein verschwiegenes Abenteuer, wie das so keine andere Großstadt bietet.

Wer keinen eigenen schwimmenden Untersatz hat, leiht sich einen. 50 Bootsverleihe bieten die Alster rauf und runter, von morgens bis Sonnenuntergang, ihre Dienste an. Sogar Gondeln wie in Venedig stehen zur Verfügung. Der nördlichste Bootsverleih liegt an der Poppenbütteler Schleuse, Marienhof 4. Vom Bootshaus Marienhof kann man sich Kanus und Kajaks auch bis zur Wulksfelder Schleuse bringen lassen, einem guten Startpunkt für eine lange Tour auf dem Wasser.

Immerhin bringt die Alster von der Quelle, die 31 Meter über dem Meeresspiegel liegt, bis zur Mündung auf vier Meter über Null 56 Kilometer hinter sich. Ein gemächlicher Fluss mit vielen Schleifen. Die Quelle findet sich in ländlicher Umgebung in einem Moortümpel im Timhagener Brook, südlich von Henstedt. Die Mündung des Flusses könnte großstädtischer und großartiger kaum sein. An der Schaartorschleuse, wo sich am Hafenrand die U-Bahn auf Stelzen zwischen Kajen und Rödingsmarkt dramatisch in die Kurve legt, fließt die Alster in die Elbe. „Pegel halten“ nannte der Künstler Ernst Mitzka 1989 seine Schrift an dem Glashaus der Schleuse. In blauen Leuchtbuchstaben steht da: „Vom Fluß in den Strom.“

Ein stiller Winkel ist die nur im Sommer geöffnete tief liegende Treppenanlage am Wasser, wo der Großstadt-Scout aus der Froschperspektive seine Augen in diesem spannenden Dreieck von Fluss, Strom, Straße und Schiene umherwandern lassen kann. Hier liegt die Wiege der Hansestadt. Denn hier, an der Alstermündung, schlugen die ersten Siedler ihre Pfähle in den Boden.

Wer sehr gut zu Fuß ist, kann sich von dort auf einen ebenso weiten wie wunderbaren Weg machen: an der Alster entlang, von der Mündung bis zur Quelle. Er wird nicht verhungern oder verdursten. Denn Einkehrmöglichkeiten gibt es ohne Ende. Cafés, Würstchenbuden, feine Restaurants, Gartenlokale. Der Alsterwanderweg ist die spannende Alternative zum Elbhöhenweg. Ein Lob den Stadtvätern, die diese Flusswanderung längs der Großstadtreviere, der Villengärten, Laubenkolonien, durch Wald und Feld möglich gemacht haben, indem sie in den vergangenen Jahren letzte Barrieren beseitigten.

Nicht das Schlechteste am Wandern ist das Rasten. Zum Beispiel am Eppendorfer Mühlenteich. Hier ist das Winterquartier der Alsterschwäne. Hier werden sie gefüttert. Der Teich wird für sie eisfrei gehalten. Die Alsterschwäne haben ihre eigene Geschichte. Seit 350 Jahren stehen sie unter dem besonderen Schutz des Rates der Stadt. Unter Strafe war es verboten, die Schwäne „zu beleidigen, zu verletzen oder gar zu töten.“ Seit 1818 gibt es das Amt des „Schwanenvaters“, der die heute über 200 Höckerschwäne zählende Schar versorgt.

Wer den Weg bis Poppenbüttel schafft, hat an der Poppenbütteler Schleuse eine wichtige Station der noch bis Mitte des 19. Jahrhunderts von Hamburg kontrollierten Schifffahrt auf der Alster erreicht. Dass Poppenbüttel vor der Einweihung der S-Bahn 1918 „am Ende der Welt“ lag, wie manche Hamburger meinten, hatte Dichter wie Matthias Claudius, Friedrich Hagedorn oder Friedrich Gottlieb Klopstock keineswegs gestört. Sie waren Gäste auf dem schönen Anwesen von Hinrich Christian Olde, der in Poppenbüttel mit Gewinn eine Kupfermühle betrieb. 100 Jahre später erweiterte die Familie Henneberg in Poppenbüttel ihre Ländereien zum größten landwirtschaftlichen Betrieb nördlich von Hamburg. 1884 wurde die Burg Henneberg errichtet. Der Hennebergsche Park ist heute für seine systematisch angelegte Anpflanzung von Bäumen (Arboretum) bekannt.

Natürlich hat das Alstertal auch sein Museum. Es befindet sich im Wellingsbütteler Torhaus. Das Mitte des 18. Jahrhunderts errichtete Gebäude mit dem benachbarten Herrenhaus steht unter Denkmalschutz und zeugt unter anderem von der Vergangenheit des Villenvorortes Wellingsbüttel. 1296 taucht der Ort zum ersten Mal in einer Urkunde auf. 1651 wurde er sogar direkt dem Kaiser in Wien unterstellt.

Der Wanderer ist für heute froh, die Poppenbütteler Schleuse erreicht zu haben, und bewegt sich lieber mit der S-Bahn auf Schienen als im Boot auf der Alster zurück gen Süden.

Museumsdorf – Walddörfer

Bis zum Duvenstedter Brook – Es lohnt sich!

Warum hat das Reetdach des historischen Bauernhauses zwei faustgroße Löcher? Hier konnten Eulen ein- und ausfliegen. Eulen waren früher willkommene Gäste unterm Reetdach. Sie nahmen sich der Mäuse an, die es sich dort im Getreidelager gemütlich machen wollten.

Die Zeichen an der Giebelseite des „Spiekerhus" sind ebenfalls erklärungsbedürftig. Der Donnerhammer – im germanischen Volksglauben von Gott Donar geschwungen – sollte das Haus vor Feuer schützen. Auch die schöne, heute 300 Jahre alte Eiche neben dem Bauernhaus galt als guter Blitzableiter. Die diagonal gestellten Mühlenflügel auf der rechten Giebelseite waren dagegen das Emblem für gute Ernte und Glück schlechthin.

Die Spuren dörflicher Vergangenheit sind in der Großstadt Hamburg keineswegs ganz verwischt. Am

Nordrand der ausufernden Urbanität hat sich das Dorf sogar noch im Namen der Ansiedlungen behauptet. Die Walddörfer. Das sind Volksdorf, Wohldorf-Ohlstedt, Bergstedt, Lemsahl-Mellingstedt und Duvenstedt. Das ist die andere Seite von Hamburg. Eine andere Welt. Nicht mehr der Elbestrom oder der Alsterfluss geben den Ton an, sondern Wälder und Moore, Wiesen und Felder, Auen und Heidelandschaft. Hier gibt es Beken (Bäche), die allesamt von Osten nach Westen der Alster zufließen. Die Ammersbek und die Drosselbek im Wohldorfer Wald, die Bredenbek in Ohlstedt, die Gussau, die in die Saselbek mündet, die Lottbek, den Klosterwiesengraben, der sich mit der Berner Aue vereinigt.

Wie die Menschen hier früher lebten, das ist in einem durchaus ungewöhnlichen kleinen Museum zu sehen. Das Museumsdorf der Walddörfer in Volksdorf liegt mitten im Ort. Nicht wie andere Freilichtmuseen irgendwo am Rande, künstlich aufgebaut. Sondern da, wo sich früher schon das Leben abspielte und heute nebenan das Ortsamt der Walddörfer seinen Platz hat.

Das Museumsdorf im Dorf lassen. Dieses Kunststück hat der 1962 gegründete Verein „De Spieker" (Speicher) fertiggebracht. Die „Gesellschaft für Heimatpflege und Heimatforschung in den Hamburgischen Walddörfern", wie die korrekte Bezeichnung des Vereins lautet, ist stolz auf das historische Dorf mit seinen sieben Häusern. Spiekerhus, Harderhof, Durchfahrtshaus, Dorfkrug, Scheune, Schmiede. Eine Besonderheit ist die Grützmühle, die nicht von Wind oder Wasser angetrieben wurde, sondern von Pferden. Weshalb sie auch Rossmühle genannt wird.

Wie sahen Waschtage vor der Erfindung der Waschmaschine aus? Wie wurden Pferde beschlagen? Wie wurde gekocht? Geschlafen? Man legte sich zu Bett in schrankartigen Alkoven mit zwei Gucklöchern für den Bauern und seine Frau, die ein Auge auf die Stube hatten und ein Ohr auf die Mägde und Knechte, die in noch engeren Butzen schliefen als die Herrschaften. Rechts die Mägde bei den Kühen, links die Knechte bei den Pferden. Bei den Tieren war es im Winter wenigstens etwas warm. Trotzdem war bei Frost morgens das Wasser in den Waschschüsseln, das aus dem Brunnen vor der Haustür kam, oft mit einer Eisschicht bedeckt.

Warm anziehen müssen sich heute noch die Brautpaare, die sich in der ungeheizten Scheune im Museumsdorf trauen lassen und ihre Spuren hinterlassen: Rosenblätter, die sich im Kopfsteinpflaster vor den hohen Holztoren der Reetdachhäuser verfangen. Wer mag, kann sich zweispännig in der Kutsche zum Festessen fahren lassen. Wie man früher über Land fuhr, demonstriert eine kleine Kutschensammlung. Für die achtstündige Fahrt nach Lübeck gab es Kutschen mit extrem hohen Rädern. Desaster, wenn so ein Rad unterwegs in Matsch und Schlamm brach! Wie so ein Schaden repariert wird, ist bei Sonderveranstaltungen im Museumsdorf zu sehen.

1918 wurde die zunächst mit Dampf, dann mit Elektrizität betriebene Walddörferbahn eingeweiht. Hamburg rückte näher. Die Be- und Zersiedelung der Walddörfer nahm ihren Anfang. Erstaunlich ist aber, wie eng bereits vor dieser Wende, trotz schwieriger Verkehrsverbindungen, die Beziehungen zwischen der Hansestadt und den Walddörfern waren. Auf der einen

Seite wurde die Hafenstadt mit landwirtschaftlichen Produkten beliefert. Auf der anderen Seite zeigte sich der Dialog zwischen Stadt und Land in einer stufenweisen Eroberung der Dörfer durch die Stadt. „Vom vorgeschobenen Posten einzelner Landhäuser und zum Landhaus umgewandelter Höfe bis zur Bauernvilla als Zeugnis guter ländlicher Verdienstmöglichkeiten bei der Versorgung der Stadtbevölkerung," wie der Stadthistoriker Hermann Hipp schreibt.

Die frühen historischen Verbindungen zwischen den Walddörfern und der Hansestadt, auch das ist im Museumsdorf zu lernen, reichen weit in die Vergangenheit zurück. Die Walddörfer gehörten schon im späten Mittelalter zu Hamburg, lagen aber als Exklaven in holsteinischem Gebiet.

Der Name Volksdorf taucht erstmals in einer Urkunde von 1296 auf. Und zwar wurde mit der Urkunde festgelegt, dass Volksdorf einen Zehnten an das Kloster Herwardeshude zu entrichten habe. Ein Zehnt – das waren Abgaben von Laien zur Unterstützung des Klerus. In diesem Fall zum Unterhalt der Nonnen, die ihr Domizil damals vor den Toren von Hamburg im heutigen Harvestehude hatten.

Ohlstedt wurde 1292 erstmals amtlich festgeschrieben. Wohldorf war bereits 1303 ein befestigter Adelssitz und wurde 1437 Verwaltungszentrum der Walddörfer. Anfang des 18. Jahrhunderts wurde das heute privatisierte Herrenhaus errichtet, das den Waldherren früher als Amtssitz zur Verfügung stand. Mit dem Aufbruch in die Freizeitgesellschaft in der zweiten Hälfte des 19. Jahrhunderts wurde Wohldorf, genauso wie die übrigen Walddörfer mit ihrem großen Angebot an Wäldern, Wiesen und unberührter Natur, zu einem beliebten Ausflugsziel.

Nirgendwo kann man so wunderbar still unter Buchen wandern wie im Wohldorfer Wald. Ein Drittel von Hamburgs größtem zusammenhängendem Laubwald (insgesamt 365 Hektar) steht hier unter Naturschutz. Unter den hohen hallenartigen Kronen der 200 Jahre alten Baumriesen breiten sich die Buschwindröschen im Frühling wie ein Teppich aus.

Wie der Wohldorfer Wald, so ist auch das angrenzende Naturschutzgebiet Duvenstedter Brook ein Paradies für Naturfreunde. 38 Säugetierarten (Fuchs, Marder, Iltis, Wiesel, Dachs, Wildschwein) leben hier. Eine Attraktion ist die Hirschbrunft im Oktober. See- und Fischadler, Bussarde, Falken, Waldkäuze. Für Ornithologen ein reiches Feld! 400 Pflanzenarten wurden gezählt.

Billerhuder Insel und mehr

500 Schrebergärten und viel geschützte Natur

Elbe, Alster, Bille. Hamburgs viel gerühmtes schönes Stadtbild am Wasser wurde von diesen drei Flüssen geprägt. Auf der kleinen Anhöhe zwischen Alster und Bille, am heutigen Rathaus, lag die erste Ansiedlung der Stadt. An der Mündung der beiden Nebenflüsse der Elbe entstand früh eine erste Hafenanlage. Die Bille ist der kleinste und unbekannteste im Trio der Flüsse von Hamburg. Von der Quelle bei Trittau im Osten bis zur Mündung Billhafen südlich des Klostertors (Deichtorhallen) misst sie 53 Kilometer.

Die Annäherung an Hamburgs kleinen Fluss von der Mündung her klingt farbig. Sechs Brücken überqueren die Bille gen Osten: Schwarze Brücke, Grüne Brücke, Braune Brücke, Blaue Brücke, Gelbe Brücke, Rote Brücke. In Wirklichkeit ist der Osten Hamburgs hier eher grau. Eine Mischung aus farbloser Büro- und

Wohnbebauung, Gewerbegebiet, Autostraßen, die als Trennschneisen zerstörende Wirkung haben.

Erster Trost ist ein Morgenspaziergang rund um die Billerhuder Insel an der Braunen Brücke, die den Stadtteil Hamm und Rothenburgsort verbindet. Früher weideten hier Kühe (Hude). Heute ist die Insel aufgeteilt in 500 Schrebergärten. Der Spaziergang beginnt am Strandweg West und führt über den Strandweg Ost zurück zur Braunen Brücke. Man läuft am Wasser mit Blick auf die Gewerbe- und Wohnbebauung am anderen Ufer, aber auch auf die berühmte Kirchturmsilhouette von Hamburg in der Ferne. An den Uferstegen liegen kleine und große Motorboote, Segelboote mit gelegtem Mast. Bis zum offenen Wasser der Elbe sind mehrere Brücken zu unterqueren. „Bille Ruderclub 1883“, „Kanuclub Schwalbe von 1928“. Die hohen Zeiten einer neuen Freizeitkultur sind an den Gründungsjahren der Sportvereine auf der Billerhuder Insel abzulesen.

Die Mischung der Laubenarchitektur ist bunt. Träume von Bauernhäusern, Bungalows, Alpenhütten, Seemannsheimen und so weiter sind hier en miniature Wirklichkeit geworden. Besser ein Badeteich von vier Quadratmetern als gar kein Badeteich. Besser ein Grillplatz für vier Würstchen als gar kein Grillplatz. Manche Inselbewohner sind hier permanent zu Hause. Andere verbringen auf der Insel nur ihre Freizeit. Die Feste, die auf einer Tafel angezeigt werden, folgen dem Rhythmus der Jahreszeiten wie überall: Kinderfasching, Osterfeuer, Tanz in den Mai, Sommerfest, Laternenumzug, Halloween, Kinder- und Seniorenweihnachtsfeier.

Die Bille war einmal ein wichtiger Transportweg zwischen Bergedorf und Hamburg. Auf dem Wasserweg wurden die landwirtschaftlichen Erzeugnisse der Vier- und der Marschlande zum Verkauf auf den Märkten der Hansestadt gefahren. Hamburgs Groß- und Blumenmarkt lag (und liegt) dort, wo damals die Kähne aus dem ländlichen Südosten der Stadt festmachten. Die Bauern in den Marschlanden an der Bille waren wohlhabend. Seit dem 16. Jahrhundert siedelten sich reiche Hamburger Bürger vor den Toren der Stadt im Osten an. Sie bauten ihre Landsitze im barocken Stil und schufen barocke Gärten wie Verlängerungen der Architektur ins Grüne.

Als spätes Zeugnis aus dieser Zeit (1790) kann heute das „Glockenhaus“ am Billwerder Billdeich 72 besichtigt werden, wo Landsitz und Garten wie vordem eine schöne Einheit bilden. Heute ist es Sitz des „Deutschen Maler- und Lackierermuseums“. Sehr sehenswert! Ein stiller Winkel an der Bille, der wunderbar nach Buchsbaum riecht.

Der Billwerder Billdeich folgt dem Fluss von der Roten Brücke bis Bergedorf. Mit vielen Windungen eine der längsten Straßen Hamburgs. Hier hat sich das städtische Umfeld, das noch die Billerhuder Insel umgibt, in die typische Streifenform der von Entwässerungsgräben durchzogenen Marschenlandschaft verwandelt.

Weiter an der Bille und am Billwerder Billdeich flussaufwärts ragt der Turm der Pfarrkirche St. Nikolai in den Himmel. Ein stattliches Gotteshaus, dessen Gründung schon um 1200 datiert ist. Seine jetzige Form und Ausgestaltung erhielt der, anders als die Bauernkirchen der Vierlande, eher städtisch wirkende Bau zu Beginn des 20. Jahrhunderts.

Weiter flussaufwärts am Billwerder Billdeich. Im Naturschutzgebiet Boberger Niederung am Nordufer ist der Billewanderer endlich ganz und gar im Grünen angelangt. Mehrere Wanderwege führen durch diese Landschaft voller Gegensätze. In den feuchten Niederungen nahe am Fluss wurde früher Torf abgebaut. Heute sind in dem verbliebenen Erlenbruchwald 40 Pflanzenarten zu Hause, die auf der Roten Liste stehen. Hier leben Eisvögel, Erlenzeisige, Pirole und Nachtigallen.

Ganz anders die Landschaft im Norden am Geesthang des Gebietes. Offene Sandflächen auf der Binnendüne weisen auf die Entstehung in der Eiszeit hin. Am sonnigen, 30 Meter hohen Geesthang sind verschiedene Orchideenarten und seltene Schmetterlinge daheim. Am Ende kann sich der Bille-Wanderer mit Vergnügen in den Boberger Badesee stürzen.

Und dann gibt es zwischen der Bille im Norden und der Norderelbe im Süden auch noch die Dove-Elbe und an ihrem Nordufer den Eichbaumsee (Autobahnabfahrt Allermöhe). Der 28 Hektar große Badesee wurde erst in den 1980er-Jahren angelegt. Wegen seiner gelungenen Landschaftsarchitektur, einer der Natur nachgeahmten Gestaltung, ist der Eichbaumsee schnell zu einem Lieblingsort für Erholungssuchende geworden.

Dov heißt auf Niederdeutsch taub, ungefährlich. Die Dove-Elbe wurde durch Abdämmungen schon im 15. Jahrhundert zu einem beruhigten Elbarm. Die heutige Gestaltung als Wasserpark geschah in der zweiten

Hälfte des 20. Jahrhunderts auf Kiesabbauflächen. Die Freizeit- und Wassersportanlage (Ruderregattastrecke) ist heute bei Sonnenanbetern und Sportlern gleichermaßen beliebt.

Stille herrscht dagegen am Südufer der Dove-Elbe im Naturschutzgebiet „Die Reit". Hier dürfen nur kleine Tiere „Lärm" machen. Ein einstündiger Rundwanderweg führt durch diese feuchte Niederung, die mit ihren zahlreichen Frosch-, Molch- und Krötenarten wie ein Terrarium unter freiem Himmel erscheint. Experten haben 200 verschiedene Vogelarten gezählt. Fischadler und Rohrweihe sind hier zu Hause. Auf den Tümpeln wachsen Teich- und Seerosen.

Auf den Spuren der kleinen Bille haben sich uns überraschend viele stille Winkel und Refugien der Natur erschlossen.

Auf dem Deich – Veddel

Eine Insel ganz nah am Hauptbahnhof

Eine Insel ist eine Insel ist eine Insel. Die Gedanken (und die Füße) können im Kreis laufen und auf einer Bank mit Blick aufs Wasser zur Ruhe kommen. Fahren wir einfach zwei S-Bahn-Stationen vom Hamburger Hauptbahnhof gen Süden. Vorbei an einer vierarmigen Laterne, die mit ihren gusseisernen Schnörkeln als Solitär den Bahnhofsvorplatz auf der Veddel markiert. Ein Relikt aus der Gründerzeit. Quer über den leeren Wilhelmsburger Platz und rauf auf den neuen und sehr gepflegten Deich am Müggenburger Zollhafen mit seinen ebenso neuen und gepflegten Bänken zum Wasser. Kaum zu glauben. Die Veddel, No-Go-Area aus der Nachkriegszeit, ist heute vielleicht das seltsamste urbane Viertel, das die Hafenstadt zu bieten hat.

Das Leben scheint an der Insel zwischen Norderelbe und Süderelbe ein bisschen vorbeizugehen. Rasen tut man nur auf der Autobahn im Osten und auf den Bahnschienen im Westen. Die Wohnstraßen mit ihren mehrstöckigen Siedlungshäusern sind morgens so still wie im Blankeneser Villenviertel. Nur ab und an erinnert eine mit Einkaufstüten bepackte, tief verschleierte Muslimin daran, dass in diesem Wohnquartier besonders viele Immigranten leben, die soziale Umstrukturierung des Stadtteils noch in den Kinderschuhen steckt und lange nicht den Schick und die Vitalität von zum Beispiel Ottensen erreicht hat.

Dem Menschen auf der Bank am Wasser ist es recht. Er hat seine Ruhe und er weiß auch schon, wo nach einem kleinen Spaziergang ein Mittagstisch auf ihn wartet. Von der Geschichte der Veddel, deren Name sich von Weideland herleitet, ist auf diesem Gang nicht mehr viel zu sehen. Augenfällig ist aber das, was im 20. Jahrhundert die Insel prägte. Die traditionell gebaute Polizeikaserne und die von Fritz Schumacher geplante Feuerwache am Zollhafen. Fritz Schumacher, der gerade eine Interimszeit in Köln unter dem damaligen Oberbürgermeister Konrad Adenauer hinter sich hatte, war in der zweiten Hälfte der 1920er-Jahre als Oberbaudirektor der Hansestadt Mentor des neuen Siedlungsringes von Hamburg. Er baute, was er selber „einen neuen Gürtel um Hamburgs alten Leib" nannte. In die Neubauten auf der Veddel wurden zum großen Teil Menschen umgesiedelt, die der Entstehung des Kontorhausviertels in der City weichen mussten. Es lohnt sich, hin und wieder in die Treppenhäuser dieser Siedlungsbauten hineinzugehen. Sie zeigen, mit welchem Anspruch an Qualität Schumacher sein Stadterneuerungsprogramm in die Tat umsetzte. Dazu gehörte auch die große Schule auf der Veddel, neben der sich die Immanuel-Kirche heute ganz klein ausnimmt.

Am Veddeler Marktplatz geht es in die Tunnelstraße und auf krummen Wegen zur nahen Fisch-Gaststätte. Das ist nun wirklich ein kulinarischer Geheimtipp, der uns verraten wurde von dem ehemaligen Schuster auf der Elbinsel, dessen Vater auch schon Schuster auf der Veddel war. Mittags ist es in der Fisch-Gaststätte rappelvoll. Um 18 Uhr ist Feierabend. Und am Wochenende wird erst gar nicht geöffnet.

Nach dem Essen sollst du ruh'n oder tausend Schritte tun. Der Inselwanderer auf der Veddel sitzt wieder auf seiner Bank am Zollhafen und schaut übers Wasser ans andere Ufer. Dort wird in der „BallinStadt" seit Neuestem daran erinnert, dass der Hamburger Hafen um 1900 für Millionen Menschen die letzte Station auf dem Weg in eine neue Heimat war. Die meisten suchten ihr Glück in Amerika. Albert Ballin, seit 1899 Generaldirektor der HAPAG (Hamburg-Amerikanische Packetfahrt-Actien-Gesellschaft, weltweit größte Schifffahrtsgesellschaft vor dem Ersten Weltkrieg), ließ 1901 für diese Menschenströme mehrere Pavillons errichten. In den von 1850 bis 1934 vollständig erhaltenen Listen der Auswanderer können die Nachfahren heute nach ihren Wurzeln suchen und in den rekonstruierten Speise- und Schlafsälen eine Zeitreise zurück in die Vergangenheit machen.

Altenwerder

Eine Kirche trotzt den Containergebirgen

Der Turm von St. Gertrud ist 62 Meter hoch. Für Autofahrer, die sich auf der A7 von Süden kommend dem Elbtunnel nähern, ist er ein Zeichen der Begrüßung: Willkommen in der Hafenstadt Hamburg. Bald verschwindet die Turmspitze hinter den bunten Containergebirgen; die grandiose Annäherung von Süden endet in einer der Elbtunnelröhren. Oder man fährt vorher in Waltershof ab und landet nach zwei Minuten am Fuß der Kirche St. Gertrud. Hier wurde in den letzten 30 Jahren des vergangenen Jahrhunderts trotz des heftigen Widerstands der Einwohner das Bauern- und Fischerdorf Altenwerder unter Sand und Schlick begraben. Nur die stattliche Kirche St. Gertrud von 1830 mit ihrem Turm und ein kleiner Friedhof blieben erhalten.

Kaum zu glauben – mitten in der Ödnis des Hafenerweiterungsgebiets von Altenwerder gibt es hier ein äußerst lebendiges Gemeindeleben. Konzerte zur Baumblüte seit 1971 (am letzten Sonntag im April und an den darauffolgenden drei Maisonntagen), im September ein Konzert auf der Beckerath-Orgel, am ersten und dritten Advent Konzerte bei Kerzenschein. Gottesdienste jeden zweiten und vierten Sonntag. Hier finden Taufen, Hochzeiten und Beerdigungen statt. Heiligabend, wenn die Kirche mit ihren 800 Plätzen voll besetzt ist, betritt der Pastor auch schon mal die Kanzel, die ganz ungewöhnlich in Höhe der Emporen des klassizistischen Gebäudes *über dem Altar* schwebt. Dann können ihn alle besser sehen und hören.

Die Geschichte von Altenwerder ist ein schwieriges Kapitel aus dem Wirtschaftsraum, der die Elbe für ihre Anwohner stets auch war und ist. Um 1200 wurde die frühere Elbinsel zum ersten Mal in einem Dokument erwähnt. 1420 gründete man eine erste Pfarrkirche. Das Dorf lebte von der Landwirtschaft. Gar nicht schlecht, denn Kutter transportierten die Produkte zum Verkauf elbaufwärts auf die nahen Märkte von Hamburg. Ein zweites Standbein für die Einwohner war später das Fischereiwesen. Altenwerder, das in früheren Zeiten zum Erzbistum Bremen und zum Herzogtum von Braunschweig gehörte, wurde 1937 von Hamburg eingemeindet.

Der Anfang vom Ende begann 1961 mit dem Hafenerweiterungsgesetz, das Neubauten weitgehend untersagte. 1973 wurde der Untergang endgültig besiegelt. Die Bewohner mussten ihre Häuser räumen, wurden umgesiedelt nach Hausbruch, Neugraben, Finkenwerder. Dem Abriss der Häuser folgte die Aufspülung des alten Kulturlandes mit Elbebaggergut, mit Schadstoffen kontaminiertem Sand und Schlick. 1977 wurde als erstes der Hansa Port eingeweiht.

Die Kirche St. Gertrud mit ihrem kleinen Friedhof liegt inmitten dieser modernen Hafen-Industriesteppe wie eine Idylle aus einem anderen Leben. Bedroht ist diese Idylle nicht mehr. Der Verein zur Förderung und Erhaltung von St. Gertrud wächst. Hamburger und sogar Besucher von weither haben den Ort als Ausflugsziel entdeckt. Aber alles in Maßen. Es sind immer nur Einzelgänger, die den Weg hierhin finden. Bei den Gottesdiensten horchen Fremde oft verwundert auf. Lesungen aus der Bibel auf Plattdeutsch? Für die Gemeindemitglieder ist das Alltag, für Auswärtige erscheint das fast exotisch.

Kirche und Gemeinde werden betreut von der Thomas-Kirche Hausbruch. Nach jedem Gottesdienst trifft man sich zu Kaffee und Kuchen im rückwärtigen Teil des hellen Kirchenschiffs. Neben dem kleinen Parkplatz vor der Tür des Gotteshauses, in Sichtweite eines riesigen weißen Kühlhauses, wächst ein kleiner Hain heran. Ein Schild erklärt: „Brautpaare, die in Altenwerder heiraten, pflanzen Bäume der Hoffnung.“

Keine Hoffnung mehr gibt es für ein Kunstprojekt, das Hamburg über die Grenzen Deutschlands hinaus, ja sogar weltweit, Ruhm eingetragen hätte. 1983 im Juli besichtigte der Künstler Joseph Beuys die Spülfelder von Altenwerder. Er war von der Kunstkommission der Hansestadt eingeladen worden, sein Projekt „Gesamtkunstwerk Freie und Hansestadt Hamburg“ in die Tat umzusetzen. Ziel war eine Harmonisierung von Stadt, Natur, Skulptur. Beuys’ Entwurf im Zeichen seines „erweiterten Kunstbegriffs“ sah eine Entgiftung der Spülfelder vor. Auch mit der Idee, die zur Wüste gewordene Wirtschaftsfläche wieder zugänglich zu machen.

Auftakt sollte der Abwurf eines schweren Basaltsteins im Zentrum einer runden Anpflanzung von Bäumen auf dem Spülfeld sein. Mit diesem symbolischen Akt sollte das Spülfeld zur „Kunstzone" erklärt werden. Joseph Beuys, der ein guter Pflanzenkenner war, hatte lange Listen mit schnellwachsenden Bäumen und Sträuchern zusammengestellt, deren Wurzeln die Schadstoffe binden sollten, um eine Verseuchung des Grundwassers zu verhindern. Ahorn, Birke, Wacholder, Eiche, Holunder, Eberesche, Lebensbaum. Alles in der Norddeutschen Tiefebene heimische Gewächse.

Weiter sollte in der Innenstadt ein Forum geschaffen werden, das sich permanent mit der Lösung von ökologischen Problemen in Hamburg auseinandersetzen sollte. Alles war geregelt. Dann geschah etwas Unglaubliches. Der damalige Bürgermeister Klaus von Dohnanyi legte am 24. Juli 1984 ein Veto gegen Beuys' Pläne ein. Er vermochte den Vorstellungen von Beuys' künstlerisch-ökologischem Projekt nicht zu folgen und wischte die Zusagen der Fachkommission kurzerhand vom Tisch. So wurde verhindert, dass in Altenwerder ein Mahnmal verwirklicht wurde, wie es der Künstler in ähnlicher Form schon in den 1980er-Jahren mit seinem Documenta-Projekt „5000 Eichen" begonnen hatte, auf das die Stadt Kassel heute stolz ist. Joseph Beuys starb 1986. Altenwerder hätte sein letztes großes Kunstwerk werden können.

Literatur

Alles im Fluss. Ein Panorama der Elbe. Hrsg. Bärbel Hedinger, Hamburg 2006

Architektur in Hamburg. Hrsg. Hamburgische Architektenkammer, Hamburg 2006

Beckershaus, Horst: Die Hamburger Straßennamen. Woher sie kommen und was sie bedeuten. Hamburg 1997

Breitfeld, Oliver: Campagna am Elbhang. Der Römische Garten in Hamburg-Blankenese. Hamburg 2006

Brenken, Anna: Kunst-Reiseführer Hamburg. Hamburg 1993

Dies./Kossak, Egbert: Spaziergänge Hamburg. Hamburg 1989

Dies./Kossak, Egbert: Hamburg. Metropole an Alster und Elbe. Hamburg 2001

Ecker, Bogomir: Die Tropfsteinmaschine 1996–2496. Hamburg 1999

Hamburg Lexikon. Hrsg. Franklin Kopitzsch/Daniel Tilgner, Hamburg 1998

Hamburgs Grün zwischen Tradition und Trends. Hrsg. Behörde für Stadtentwicklung und Umwelt, Hamburg 2007

Haspel, Jörg: Hamburger Hinterhäuser. Terrassen – Passagen – Wohnhöfe. Hamburg 1987

Hipp, Hermann: Freie und Hansestadt Hamburg. Kunst-Reiseführer. Geschichte, Kultur und Stadtbaukunst an Elbe und Alster. Köln 1989

Industriekultur in Hamburg. Des Deutschen Reiches Tor zur Welt. Hrsg. Volker Plagemann, München 1984

Kornemann, Matthias: Johannes Brahms. Hamburg 2006

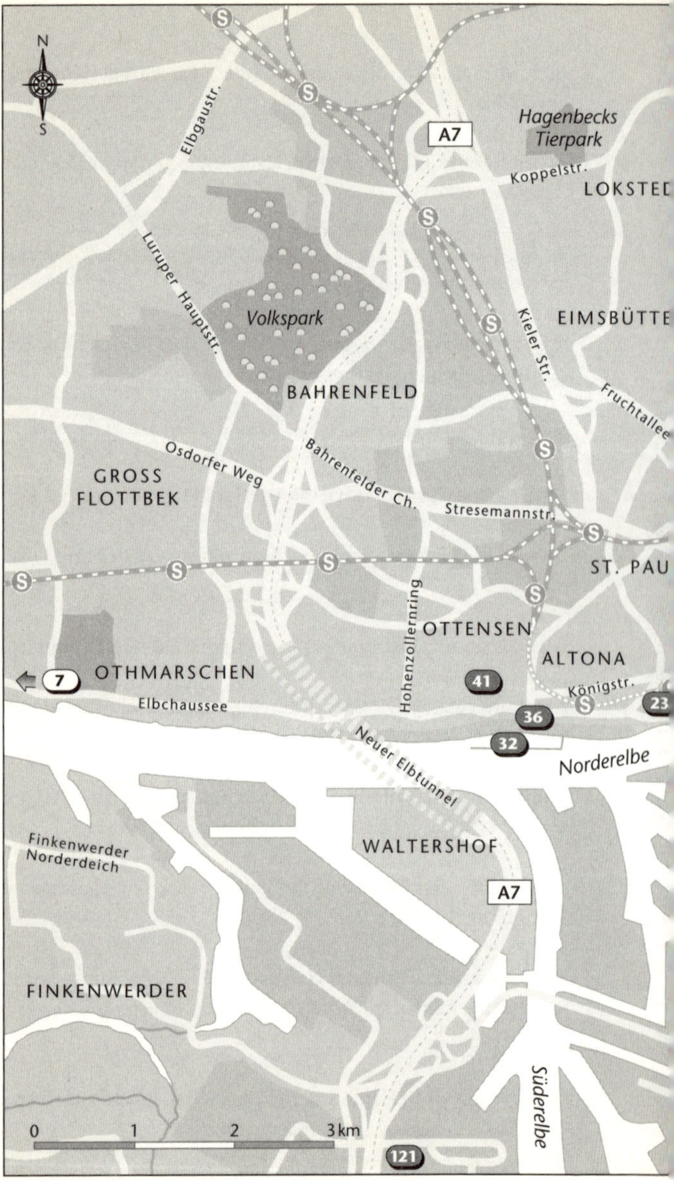
N
S
Elbgaustr.
A7
Hagenbecks
Tierpark
Koppelstr.
LOKSTED
Luruper Hauptstr.
Volkspark
Kieler Str.
EIMSBÜTTE
BAHRENFELD
Fruchtallee
Osdorfer Weg
Bahrenfelder Ch.
GROSS
FLOTTBEK
Stresemannstr.
ST. PAU
Hohenzollernring
OTTENSEN
ALTONA
7
OTHMARSCHEN
41
Königstr.
23
Elbchaussee
36
32
Neuer Elbtunnel
Norderelbe
Finkenwerder
Norderdeich
WALTERSHOF
A7
FINKENWERDER
Süderelbe
0
1
2
3 km
121

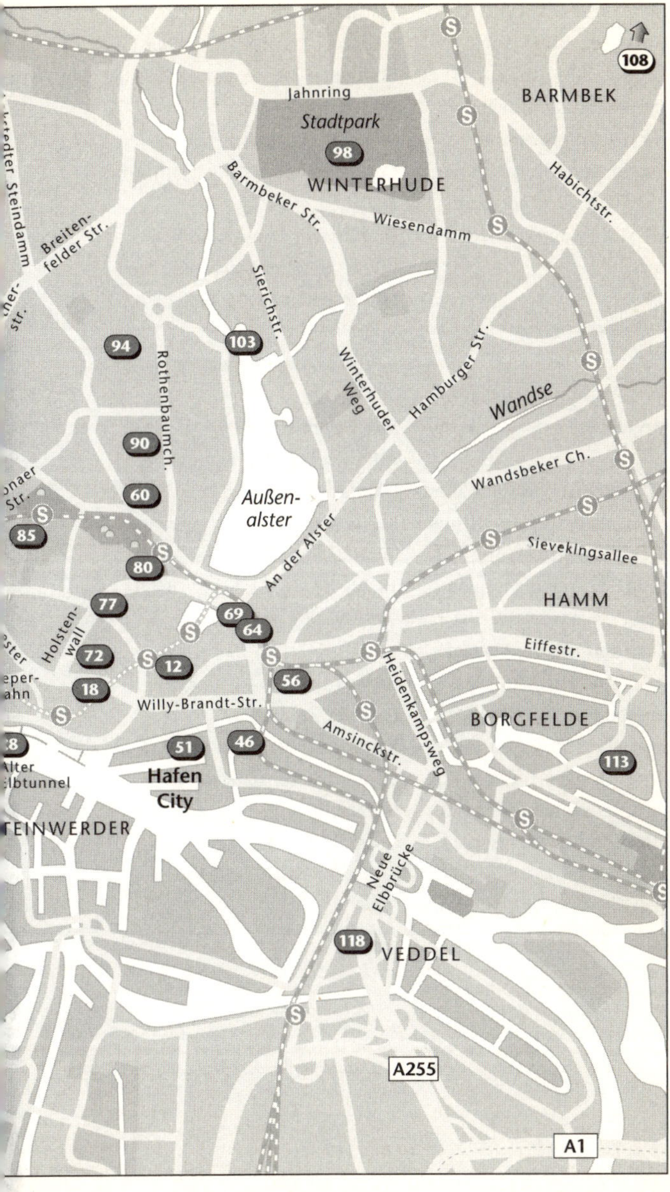
108
Jahnring
Stadtpark
98
BARMBEK
WINTERHUDE
Barmbeker Str.
Habichtstr.
Wiesendamm
Breiten-
felder Str.
Sierichstr.
103
94
Rothenbaumch.
Winterhuder
Weg
Hamburger Str.
Wandse
90
60
Wandsbeker Ch.
Außen-
alster
85
80
An der Alster
Sievekingsallee
77
69
64
HAMM
Holsten-
wall
72
12
56
Eiffestr.
18
Heidenkampsweg
Willy-Brandt-Str.
Amsinckstr.
BORGFELDE
51
46
113
Hafen
City
Neue
Elbbrücke
118
VEDDEL
A255
A1

Bibliografische Information der Deutschen Bibliothek
Die Deutsche Bibliothek verzeichnet diese Publikation in der Deutschen Nationalbibliografie; detaillierte bibliografische Daten sind im Internet über <http://dnb.ddb.de> abrufbar.

ISBN 978-3-8319-0278-1

Bildnachweis
Titelfoto: Römischer Garten in Blankenese (Foto: Egbert Kossak, Hamburg)
3001 Kino, Hamburg: S. 85
Carl-Toepfer-Stiftung, Hamburg: S. 72
Hamburger Kunsthalle/bpk – Bildarchiv Preußischer Kulturbesitz, Berlin: S. 64, 69 (Fotos: Elke Walford)
Egbert Kossak, Hamburg: S. 23, 90
SUB Hamburg: S. 60
Andreas Tobaben Fotografie, Hamburg: S. 46
Karin Wege, Hamburg: S. 41
Michael Zapf, Hamburg: S. 7, 12, 18, 28, 32, 36, 51, 56, 77, 80, 94, 98, 103, 108, 113, 118, 121

Gestaltung: Büro Brückner + Partner, Bremen
Karte: Peter Palm, Berlin
Lithografie: Griebel-Repro, Hamburg
Gesamtherstellung: Offizin Andersen Nexö, Leipzig